Gramática española

Gramática española: Variación social introduces intermediate to advanced students of Spanish to the main grammatical features of the language in a way that emphasizes the social underpinnings of language.

Written entirely in Spanish, this unique approach to the study of grammar guides students in an examination of how Spanish grammar varies depending on place, social group, and situation. Students examine why some varieties of Spanish are considered prestigious while others are not, drawing on current and historical sociopolitical contexts, all while learning grammatical terminology and how to identify categories and constructions in Spanish.

This is an excellent resource for students at level B1 or higher on the Common European Framework for Languages, and Intermediate High to Advanced High on the ACTFL proficiency scale.

Kim Potowski is Professor of Spanish Linguistics at the University of Illinois at Chicago, USA.

Naomi Shin is Associate Professor of Linguistics and Hispanic Linguistics at the University of New Mexico, USA.

Routledge Introductions to Spanish Language and Linguistics
Series Editor: Carol Klee, University of Minnesota, USA

These accessible and user-friendly textbooks introduce advanced undergraduate and postgraduate students of Spanish to the key areas within Spanish language and inguistics.

Introducción a la lingüística hispánica actual: teoría y práctica
Javier Muñoz-Basols, Nina Moreno, Inma Taboada, Manel Lacorte

Lingüística hispánica actual: guía didáctica y materiales de apoyo
Javier Muñoz-Basols and Manel Lacorte

Manual de fonética y fonología españolas
J. Halvor Clegg and Willis C. Fails

Pragmática del español: Contexto, uso y variación
J. César Félix-Brasdefer

Gramática española: Variación social
Kim Potowski and Naomi Shin

For more information about this series, please visit: www.routledge.com/
Routledge-Introductions-to-Spanish-Language-and-Linguistics/book-series/
RISLL

Gramática española

Variación social

Kim Potowski and Naomi Shin

Series Editor: Carol Klee
Spanish List Advisor: Javier Muñoz-Basols

Routledge
Taylor & Francis Group

LONDON AND NEW YORK

First published 2019
by Routledge
2 Park Square, Milton Park, Abingdon, Oxon OX14 4RN

and by Routledge
52 Vanderbilt Avenue, New York, NY 10017

Routledge is an imprint of the Taylor & Francis Group, an informa business

British Library Cataloguing-in-Publication Data
A catalogue record for this book is available from the British Library

Library of Congress Cataloging-in-Publication Data
Names: Potowski, Kim, author. | Shin, Naomi Lapidus, author.
Title: Gramática Española : variación social/Kim Potowski and Naomi Shin.
Description: New York : Routledge, 2019. | Series: Routledge introductions to Spanish language and linguistics
Identifiers: LCCN 2018034371 (print) | LCCN 2018035257 (ebook) | ISBN 9781351620765 (pdf) | ISBN 9781351620758 (ePub) | ISBN 9781351620741 (Kindle) | ISBN 9781138083974 (hardback : alk. paper) | ISBN 9781138083981 (pbk. : alk. paper) | ISBN 9781315112015 (ebook)
Subjects: LCSH: Spanish language – Social aspects. | Spanish language – Variation. | Spanish language – Grammar.
Classification: LCC PC4074.75 (ebook) | LCC PC4074.75 .P68 2019 (print) | DDC 306.44261 – dc23
LC record available at https://lccn.loc.gov/2018034371

ISBN: 978-1-138-08397-4 (hbk)
ISBN: 978-1-138-08398-1 (pbk)
ISBN: 978-1-315-11201-5 (ebk)

Typeset in Goudy
by Apex CoVantage, LLC

Contents

Prefacio

Los libros tradicionales de gramática española "cubren" una larga lista de diferentes estructuras (normalmente entre unas 40–50 de ellas), típicamente presentando primero la terminología, seguido por una descripción de sus usos y por último unos ejercicios de práctica que exigen una producción mecánica de la estructura. Hemos encontrado que los libros de este tipo sufren de por lo menos tres problemas importantes:

- Los estudiantes[1] se sienten abrumados por la cantidad de estructuras. Debido tanto a la excesiva cantidad como a la naturaleza mecánica de los ejercicios, no llegan a desarrollar una verdadera comprensión del material, ni mucho menos incorporarlo al propio sistema lingüístico.
- Los hablantes de herencia (aquellos que se crían expuestos al español en casa) tienden a batallar más con el material que los alumnos que han aprendido el español como segunda lengua. En primer lugar, la adquisición del español de parte de estos alumnos ha sido fuera del salón de clase y, por ende, no ha conllevado un estudio de la terminología gramatical. Pero otro aspecto, de igual o incluso mayor importancia, es que muy frecuentemente sus variedades del español tienen rasgos que difieren de lo que se presenta en el libro tradicional de gramática. Como resultado, muchos hablantes de herencia concluyen, erróneamente, que su forma de hablar es "incorrecta".
- Todos los alumnos, de herencia y de español como segunda lengua, acaban estos cursos con la equivocada idea de que las estructuras presentadas se usan de manera uniforme, estática y homogénea por todo el mundo hispanohablante.

En vez de recorrer una larga lista de estructuras y describir únicamente sus usos normativos, este libro presenta la gramática a través de una lente social. Enfatiza la variación que se observa por toda la sociedad y el mundo. Pretende guiar a los estudiantes en una examinación del por qué algunas variantes se consideran prestigiosas mientras que otras se estigmatizan. Creemos que uno de los objetivos más importantes de una clase de gramática debe ser *validar* y *celebrar* las diferencias lingüísticas.

Se puede resumir los objetivos del curso de la *Gramática española: Variación social* así. Los estudiantes:

1. Expandirán sus conocimientos de las estructuras gramaticales españolas y los aplicarán al análisis del discurso auténtico.
2. Estudiarán la terminología lingüística y la usarán para describir las construcciones gramaticales en el discurso auténtico.

3. Aprenderán a distinguir entre la gramática prescriptiva y descriptiva.
4. Reconocerán y explicarán la variación que se encuentra en la gramática española.
5. Reconocerán los factores sociopolíticos subyacentes que moldean las actitudes lingüísticas, quizás resultando en un cambio en sus propias creencias (y las de otra gente) sobre cómo habla la gente.
6. Desarrollarán las herramientas y los hábitos mentales para poder continuar a estudiar e investigar la variación y las actitudes lingüísticas.

¿Funciona el acercamiento sociolingüístico?

Hemos encontrado que el acercamiento sociolingüístico logra enseñar los temas gramaticales y sociolingüísticos al mismo tiempo. Además, algunos de nuestros estudiantes han cambiado su manera de pensar a lo largo del curso. Shin y Hudgens Henderson (2017) encuestaron a 40 estudiantes matriculados en un curso que cubría el material del presente libro. La encuesta, que consistía en preguntas sobre la gramática, la sociolingüística y las actitudes lingüísticas, se completó una vez al principio del curso y otra vez al final. Tanto los estudiantes hispanohablantes como los que estudiaban el español como segunda lengua mejoraron significativamente su conocimiento de la gramática y la sociolingüística, y muchos cambiaron sus actitudes lingüísticas. Aquí citamos las reflexiones de algunas alumnas:

"Antes de tomar este curso yo pensaba que muchos de los estudiantes al igual que la maestra me iban a juzgar porque no sabía mucho sobre la gramática en español. Antes yo no sabía nada sobre objetos directo ni tampoco nada sobre alternaciones de códigos o pronombres, pero ahora con las actividades que hicimos en clase he aprendido a distinguir y describir la manera que hablo. Algo muy importante que aprendí en esta clase es que no deberíamos juzgar la manera que hablan las personas . . . Yo siempre pensé que mi español era malo porque no seguí las reglas que venían en los libros de mi high school o porque yo usaba mucho slang, pero este curso me enseñó que cada quien aprende su dialecto de español y tenemos que respetarlo. Solamente porque alguien habla un idioma un poco diferente y no sigue las mismas reglas que uno, no quiere decir que no saben hablarlo".

(Hablante de herencia)

"Escuché de muchos hispanohablantes que 'el español de [la República Dominicana] es muy feo' . . . Yo lo creí, claro. Llegué a mi querida República sin poder hablar una sola palabra española pero con [muchos] prejuicios . . . Lo que más me ha beneficiado y lo que más me ayudará en mi vida será esa idea [de no juzgar los dialectos]. He cambiado para no ser producto de mi sociedad, sino un agente para afectar a mi sociedad".

(Alumna del español como segunda lengua)

Shin y Hudgens Henderson (2017, p. 207) concluyen que, a través del acercamiento sociolingüístico, los estudiantes "obtienen un conocimiento profundo de la gramática y una apreciación de la variación lingüística como un dominio de la diversidad humana que se puede celebrar y estudiar".

Recomendaciones

Es sumamente importante empezar el curso con el Capítulo 1 donde se prepara el camino para estudiar la gramática desde una perspectiva sociolingüística. Sin los conceptos del Capítulo 1, se corre el riesgo de reforzar la discriminación lingüística, aunque sea sin querer. Es decir, es imprescindible aprender primero a no juzgar las variedades no-estándares antes de estudiarlas. Pueden tardar los estudiantes bastante más tiempo en internalizar este punto de lo que los profesores se podrían imaginar.

Recursos

En la página web del libro, incluimos:

- Algunos ejemplos de **temarios**. Ni las mismas autoras pretendemos cubrir todos los temas. Preferimos apartar tiempo para un proyecto final en que los estudiantes conducen y/o analizan entrevistas sociolingüísticas. Hemos observado que un proyecto así sirve para reforzar los conceptos del libro y repasar los temas gramaticales. Si los profesores intentan cubrir todos los 25 temas gramaticales, es posible que no quede el tiempo necesario para entrar profundamente en los temas sociopolíticos. Por lo tanto, recomendamos que se priorice la profundidad más que la cobertura, aunque quizás no se llegue a enseñar todas las estructuras.
- Enlaces que les llevan a varios sitios web para poder completar las actividades.
- Unos **PowerPoints** diseñados por Naomi Shin y Sonia Barnes.
- Las claves de respuesta a las actividades.

Agradecimientos

Antes que nada, agradecemos a todos los estudiantes que han tomado clases a base de estos materiales. A través de ellos, hemos aprendido qué funciona y qué había que ajustar. Su entusiasmo nos alimentó con las ganas de seguir. Además, agradecemos un montón a las profesoras Sonia Barnes, Josefina Bittar y Carolina Viera, quienes usaron el libro en sus clases. Sus comentarios, sugerencias y excelentes ideas nos ayudaron a mejorar el contenido. También nos dieron comentarios muy valiosos Carol Klee (la editora de esta serie), Mary Hudgens Henderson y cuatro evaluadores anónimos. Irene Finestrat Martínez nos socorró con la preparación de imágenes y la recopilación de permisos. Con una beca del Center of Teaching Excellence en la Universidad de Nuevo México, Naomi Shin comenzó el desarrollo del currículo del acercamiento sociolingüístico. La idea de escribir el libro nació cuando contactó a Kim preguntándole si existía un libro de gramática que partía de una perspectiva sociolingüística. Buscaba adoptar un libro así en su curso, ¡no escribirlo! Pero Kim respondió que no existía pero que debería, y por qué no lo escribían ellas dos. Así nacen los libros: cuando no existe el tratamiento de un tema como una quisiera enseñarlo.

NOTE

1 En este libro, hemos optado por usar el género masculino genérico – es decir, "los estudiantes" se refiere a "las estudiantes" y "los estudiantes". Véase el capítulo 2 para alternativas a este uso.

Capítulo 1

La lengua como significador social

1.1 La lengua como significador social

En cuanto vemos o escuchamos a nuevas personas, casi de manera inconsciente usamos varios datos para llegar a conclusiones sobre ellos. Por ejemplo, normalmente buscamos clasificarlos según su género, edad, clase social y grupo étnico. Quizás también "leamos" algo sobre su orientación sexual, sus inclinaciones políticas o en qué parte del país se crió.

¿Qué información usamos para inferir toda esta información? Hay datos visuales como la manera de vestir, el peinado, los tatuajes, el maquillaje y quizás la manera de caminar y sentarse. A veces nos equivocamos, sobre todo si nos basamos en estereotipos. Los estereotipos son diferentes de los esquemas. Los *esquemas* son estructuras psicológicas que tenemos todos los seres humanos para organizar la información. Nos ayudan a procesar las percepciones e incorporar nuevos conocimientos. Por ejemplo, si vemos a una niña pequeña en pañales que apenas sabe caminar, nuestros esquemas nos hacen pensar que tampoco sabrá hablar en oraciones completas ni resolver problemas de álgebra. Otro ejemplo sería escuchar a un señor que nos parece angloamericano pero que habla fluidamente el mandarín. Si no hemos tenido experiencias anteriores con este tipo de individuo – si nuestros esquemas se han formado solo a base de personas hablando el mandarín que parecen ser de la China – nos podríamos sorprender al ver que ese señor habla esta lengua. Lejos de ser negativos, los esquemas – patrones organizacionales subyacentes – son naturales y necesarios.[1] Para resumir, los seres humanos intentamos "clasificar" todo lo que encontramos a nuestro alrededor según las categorías que hemos desarrollado durante la vida y en nuestras comunidades.

Actividad 1.1 Usando un buscador de internet y la función "imágenes", busca estos diez términos <u>en inglés</u>.

1. *Truck driver*
2. *Restaurant server*
3. *Professor*
4. *Engineer*
5. *Nurse*
6. *Biker*
7. *Rapper*
8. *Police officer*
9. *Poker player*
10. *Farmer*

Escribe las características de las personas en la mayoría de las imágenes que encuentras: su género, manera de vestir, edad, etc. Después, elige dos (2) de las ocupaciones y trae a clase tres (3) imágenes específicas para cada una (un total de 6 imágenes) que sean representativas de lo que encontraste. ¿Qué nos enseña este ejercicio sobre los estereotipos que tiene la sociedad?

A pesar de que los elementos físicos sirven de mucho para proyectar aspectos de nuestra identidad, uno de los elementos más potentes para clasificar a la gente es su manera de hablar.[2] De hecho, puede ser que a veces nos basemos más en el lenguaje que en cualquier otro factor.

Actividad 1.2 En 2003, Citibank produjo una serie de anuncios de televisión para promover el conocimiento del robo de identidad. Cada comercial presenta una víctima ficticia de robo de identidad ejerciendo una actividad común de su vida. Ve a este sitio web http://potowski.org/gramatica_variacion_enlaces_1 y completa las actividades "Citibank".

Como se ve claramente a través de los comerciales de Citibank, la lengua juega un papel central en la identidad social. Nos basamos en el lenguaje como variable clave en la identificación de género, edad, estatus socioeconómico y otros factores. La forma de hablar de una persona no es casualidad. Todo lo contrario, está casi siempre estrechamente ligada al lugar de origen y al grupo étnico, etario y socioeconómico al que pertenece. Por eso nuestros esquemas esperan cierto comportamiento de una persona que habla de cierta manera, y viceversa: esperan cierta forma de hablar de una persona que se comporta de cierta manera.

El término que acabamos de usar, "forma de hablar", no es muy preciso. Veremos en la sección siguiente los términos que se manejan en el campo científico de la lingüística.

1.2 Los dialectos

Para los lingüistas, el término *dialecto* es neutro, sin connotaciones positivas ni negativas. Se usa para referirse a **la forma de hablar compartida por un grupo de hablantes**. El grupo de hablantes puede vivir en cierta zona geográfica, o compartir una identidad cultural basada en la etnicidad, la religión, etc. Bajo esta perspectiva, no hay dialectos "buenos" ni "malos" ni mejores o peores que otros. Además, *todos* hablamos cierto dialecto de una lengua. De hecho, se puede decir que las lenguas no existen, sino a través de sus dialectos. Nadie habla "el inglés" o "el español"; hablan cierto dialecto del inglés (el de Estados Unidos, el de Londres, el de la Ciudad de Nueva York, etc.) o del español (el de Puerto Rico, el de Buenos Aires, el del sur de España, etc.).

Una manera de conceptualizar esta definición de *dialecto* es pensando en el helado. Imagínate que entras a una tienda que vende helados, y le dices al dependiente: "Por favor, quiero un helado". ¿Qué te va a servir el dependiente? ¿Te puede servir algo?

No, no te puede servir nada porque no has especificado el **sabor** de helado que quieres. En esta analogía, "el helado" es como "el español" (la lengua). El helado no existe sino a través de sus sabores, y el español no existe sino a través de sus dialectos.

Ahora bien, puede ser que tú prefieras el helado de fresa pero tu amiga prefiera el de chocolate. Pero ¿se puede decir que el sabor de fresa es *mejor* que el de chocolate? Claro que

no. Todos los sabores tienen el mismo valor intrínseco. Pero la sociedad muchas veces le da un valor distinto a los diferentes sabores. Por ejemplo, se puede asociar el helado de chocolate a gente de un nivel de educación bajo y el de pistacho a gente de un nivel de educación alto. Regresaremos a este punto a lo largo del presente libro.

Acabamos de afirmar que las lenguas "no existen" y que solo hay muchos dialectos de cada una. Sin embargo, podemos estar de acuerdo en que el texto que estás leyendo en este momento no está escrito en la lengua china, ni en la lengua húngara, sino en la lengua española. ¿Cuál es la diferencia, entonces, entre un dialecto y una lengua? Una definición útil, pero muy imperfecta, es la siguiente. Si dos personas se pueden entender – a pesar de las diferencias de pronunciación, de vocabulario o de sintaxis – se trata de la misma lengua. Si no se entienden, se tratan de dos lenguas diferentes. Este parámetro se conoce como la *comprensión mutua* o *inteligibilidad mutua* entre variedades lingüísticas. Por ejemplo, los hablantes de Caracas y los de Madrid se entienden, entonces lo que hablan son dialectos de una misma lengua (el español). Pero como estos hablantes no entienden a los de Estambul (quienes hablan el turco), entonces el turco y el español son lenguas diferentes. Ha érti a "magyart," el "tudja olvasni." Si no entendiste la oración anterior, es porque no conoces la lengua húngara, que es una lengua diferente al español.

¿Por qué decimos que es imperfecta esta distinción entre *lengua* y *dialecto*? Varios casos ponen en duda la utilidad de la comprensión mutua como criterio. Primero, a veces la comprensión entre hablantes es desigual. Por ejemplo, Jensen (1989) encontró que las variedades orales del español latinoamericano y el portugués brasileño son mutuamente comprensibles a niveles desde el 50% hasta el 60%, pero los brasileños comprenden mejor el español que viceversa. En otro ejemplo, en el norte de Europa, Delsing (2007) hizo un experimento con los hablantes de varios idiomas, pidiéndoles que indicaran hasta qué grado entendían otras lenguas en una escala del 1 al 10. En el Cuadro 1.1, notamos que algunos hablantes dijeron entender a los demás más de lo que los otros dijeron entenderlos a ellos:

Cuadro 1.1 Grados desiguales de comprensión (Delsing, 2007)

	daneses	suecos	noruegos	ingleses
Los daneses a los . . .	–	3.67	4.25	6.08
Los suecos a los . . .	4.26	–	5.24	7.55
Los noruegos a los . . .	6.55	6.76	–	7.22

Como vemos en el Cuadro 1.1, los suecos dijeron entender mejor el danés (4.26) que los daneses dijeron entender el sueco (3.67), y los noruegos dijeron entender mejor a todos que vice versa. ¿Será porque los noruegos son más inteligentes? ¿Porque su lengua les permite comprender mejor a los demás? ¿O porque los daneses y los suecos tienen más estatus social en Escandinavia y prefieren decir que no entienden el noruego? Esta última explicación se ha propuesto y claramente va ligado a las evaluaciones sociales. Es decir, la inteligibilidad muchas veces va ligada a las evaluaciones sociales de los hablantes: decimos que no entendemos a los que no queremos entender.

El segundo problema para distinguir un dialecto de una lengua es que en algunas partes del mundo, las *ideologías lingüísticas* juegan un papel importante en lo que la gente considera una lengua o un dialecto. Por ejemplo, los hablantes de valenciano y catalán se comprenden perfectamente, por lo cual muchos dirían que son dos dialectos de la lengua catalana. Sin embargo, muchos hablantes de valenciano consideran que el valenciano es una lengua y el catalan es otra lengua distinta. Un caso opuesto se encuentra en la China, donde el gobierno ha declarado que en todo el país se hablan "dialectos" del Chino (Zhōngguó yuˇwén o "el habla y la escritura de China"), aunque los lingüistas documentan la existencia de unas 292 lenguas mutuamente incomprensibles en ese territorio nacional. En el primer caso, las ideologías promueven la separación y diferenciación entre los valencianos y los catalanes, mientras que en el segundo, se busca promover la unidad política de todos los chinos.[3]

La Figura 1.1 presenta los principales dialectos del español en el mundo. Cada dialecto puede mostrar diferencias en vocabulario, pronunciación y gramática. Por ejemplo, una hablante mexicana podría decir:

"*¿Qué prefieres, jugo de naranja o de maracuyá?*"

Pero una hablante puertorriqueña podría comunicar la misma idea de esta manera:

"*¿Qué tú prefiere[h],*[4] *jugo de china o de parcha?*"

Actividad 1.3 Para un chistoso ejemplo de las muchas diferencias léxicas en el mundo hispanohablante, busca por YouTube el video "Qué difícil es hablar el español". Anota por lo menos tres palabras/usos nuevos para ti.

Otro buen recurso para las diferencias dialectales en español se encuentra en http://dialects. its.uiowa.edu/. Elige *Inicio → Factores geográficos → Países*. Escucha unos ejemplos de cuentos y anécdotas de dos o tres diferentes países hispanohablantes (no todos los países están representados en la página), y anota algunas diferencias que notaste.

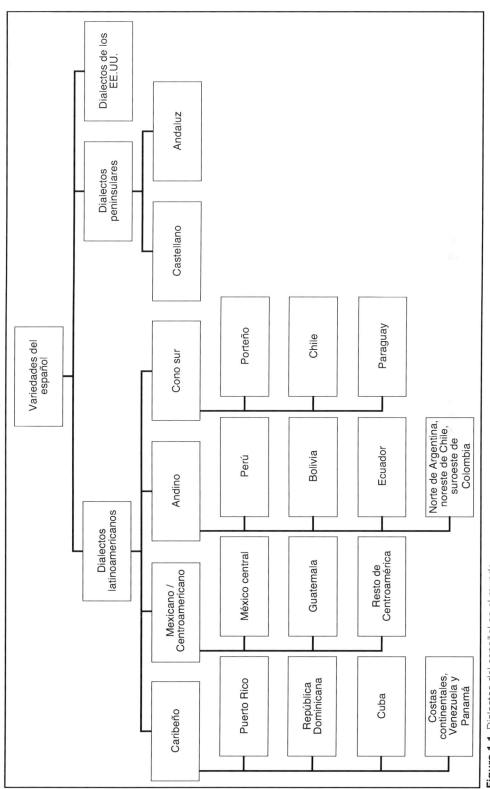

Figura 1.1 Dialectos del español en el mundo

(Escobar & Potowski, 2015: 55)

Algo interesante de los dialectos es que no siempre es fácil determinar dónde comienza uno y termina otro; no siempre tienen "fronteras" claras.[5] Por ejemplo, las dos autoras del presente libro se criaron en áreas de Nueva York dentro de la zona dialectal de *New York City English* (Newman, 2014; la página de Wikipedia explica algunas de las características y variaciones de este dialecto). Sin embargo, las dos no hablamos de manera totalmente igual; no toda la gente criada en esta zona dialectal habla de la misma manera. Puede haber diferencias conectadas a la zona exacta (Queens vs. Brooklyn, por ejemplo), al nivel socioeconómico y al grupo étnico (los afroamericanos, los latinos o los judíos ortodoxos). Recuerda la analogía del helado que usamos anteriormente: en ella, *el helado = lengua* y *los sabores = dialectos*. Quizás podríamos decir que dentro de un mismo sabor, como *fresa*, hay varios subtipos: triple fresa, Berry Berry fresa, fresa surprise, etc. Entonces, en los dialectos mostrados en la Figura 1.1, es importante recordar que no todos los hablantes en Perú, en Puerto Rico o en Paraguay hablan igual. Hay grupos dentro de cada región que muestran variaciones en su forma de hablar, y esas variaciones pueden ser compartidas por ciertos grupos sociales y/o subregiones geográficas.

En resumen, por todo el mundo, los lingüistas "felizmente se pelean sobre qué rasgos pertenecen a qué dialectos o sobre cómo se distinguen dos dialectos" (Wolfram & Schilling-Estes, 2006: 2). A pesar de las dificultades para delinear zonas dialectales, los esfuerzos de los lingüistas dialectólogos a veces acaban en un **mapa lingüístico** que muestra la distribución geográfica de los hablantes de varios dialectos de la misma lengua.

Acabamos de explorar la definición lingüística de *dialecto*, si bien no siempre es un concepto unitario e irrefutable. Sin embargo, circulan algunos conceptos erróneos – definiciones populares pero equivocadas de lo que es un dialecto. Algunos son tonterías sin importancia, pero otros pueden llegar a dañar a grupos de personas. Por ejemplo, lee las afirmaciones siguientes.

a. "En ese lugar no hablan español, hablan un dialecto".
b. "Algunas comunidades indígenas en México hablan su dialecto además del español."
c. "Fuimos a Puerto Rico y notamos que muchos hablan un dialecto."
d. "Los dialectos que desvían del español estándar son ilógicos y agramaticales."

Todos estos cuatro enunciados son erróneos. En (a) es muy probable que se busque criticar a los hablantes de "ese lugar", alegando que no hablan español. Pero como acabamos de ver, nadie habla "el español". Todos hablamos cierto dialecto del español. Entonces si los hablantes en "ese lugar" hablan una lengua que los hispanohablantes básicamente entienden a pesar de algunas diferencias de vocabulario, pronunciación o sintaxis, sí se trata del español – un dialecto del español, que es lo que hablamos todos los hispanohablantes.

En (b), se confunden los conceptos de *lengua* y *dialecto*. Recuerda la definición imperfecta pero útil de la sección anterior: si se entiende la mayor parte, son dialectos de la misma lengua, pero si no se entienden, son lenguas diferentes. De hecho hay más de 60 lenguas indígenas en México como el zapoteco, el náhuatl y el mixteco. Estas lenguas no se entienden ni un poquito; no se tratan de dialectos de una misma lengua.

Actividad 1.4 En YouTube, busca "zapoteco", "guaraní" o "quechua", tres lenguas indígenas habladas principalmente en México, Paraguay y Perú, respectivamente. Escucha un poco de estas lenguas. ¿Las entiendes? ¿Son mutuamente comprensibles con el español (es decir, ¿son dialectos del español?) o no (son lenguas distintas)?

El enunciado (c) ("Fuimos a Puerto Rico y notamos que muchos hablan un dialecto") es parecido al de (a): el hablante parece querer afirmar que solo ciertas personas hablan un dialecto, cuando en realidad todos hablamos un dialecto de por lo menos una lengua. Es decir, la oración en sí no es incorrecta, pero sería más correcto decir ". . . y el dialecto que hablan es diferente al nuestro."

Por último, el enunciado (d) ("Los dialectos que desvían del español estándar son ilógicos y agramaticales") sugiere la existencia de una manera de hablar – el llamado *estándar* – e insiste, incorrectamente, que cualquier variedad que no siga sus patrones es ilógica. Sin embargo, ya sabemos que todos los dialectos siguen patrones y que son lógicas, aunque desvíen del estándar. Volveremos a este punto más adelante.

¿De dónde viene el concepto de una variedad **estándar**? Tiene que ver con el prestigio social. El habla de la gente que goza de mucho prestigio es el dialecto que llega a llamarse 'el estándar.' Aunque, en general, los miembros de una sociedad reconocen cuál es la variedad estándar, no es nada fácil definirla. De hecho, parece importar más la carencia de los rasgos lingüísticos estigmatizados que los rasgos que sí posee una variedad estándar (Wolfram & Schilling-Estes, 2006). Y claro, aunque algunas personas creerán que nunca emplean rasgos estigmatizados, no siempre están conscientes de su propia manera de hablar.

La Figura 1.2 ilustra algunas creencias erradas comunes sobre los dialectos.[6]

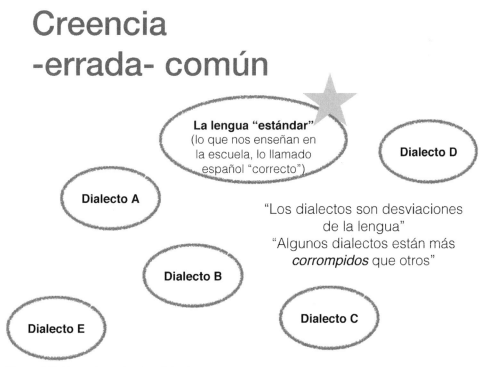

Creencia
-errada- común

La lengua "estándar"
(lo que nos enseñan en la escuela, lo llamado español "correcto")

Dialecto D

Dialecto A

"Los dialectos son desviaciones de la lengua"
"Algunos dialectos están más *corrompidos* que otros"

Dialecto B

Dialecto C

Dialecto E

Figura 1.2 Creencias sobre los dialectos.

Así es como funciona en realidad…

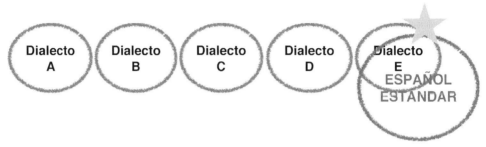

Figura 1.2 (Continued)

Como hemos venido subrayando, todos hablamos un dialecto de una lengua. Pero muchas personas reservan el concepto de "dialecto" solo para los que hablan de una manera distinta a la suya, muchas veces sugiriendo que es corrompida o incorrecta. ¿Por qué puede ser dañino referirse a las formas diferentes de hablar como "dialectos"? Porque se trata de un intento de quitarle la legitimidad a la forma de hablar de la gente – de decir que su 'sabor' de helado es menos válido. Veremos unos resultados concretos de esta discriminación más adelante.

La gramaticalidad de todo dialecto

Es importante reconocer que todos los dialectos/sistemas lingüísticos son gramaticales porque siguen patrones. Para entender este concepto, el lingüista Steven Pinker propuso la *máxima del taxi*, que dice así: Todo taxi en el mundo tiene que obedecer forzosamente las leyes de la física. Por ejemplo, a todos los taxis les afecta la ley de la gravedad; no pueden ponerse a volar. Esta máxima se aplica a la lengua de esta manera: Igual que las leyes de la física, hay una lógica que todo el mundo sigue cuando habla. **Toda lengua natural sigue patrones internos**. Es imposible que una lengua natural viole las leyes de "la física" (lingüísticas), o sea, que no siga una lógica. Sin embargo, a diferencia de la ley de la gravedad, existen otro tipo de leyes que los taxis sí pueden violar. Por ejemplo, un taxi puede infringir las leyes de la Ciudad de Nueva York, donde está prohibido doblar a la derecha cuando un semáforo está en rojo, o del estado de Michigan, o las de Massachusetts, o de Londres, etc. Estas leyes, claro está, se pueden quebrantar porque no son tan profundas como las leyes de la física.

Al hablar una lengua, sucede algo parecido: los diccionarios y los libros de gramática nos dicen que tenemos que hablar de cierta manera. Prescriben cómo hablar y escribir. ¿Eso quiere decir que siempre hablamos así? Claro que no. Nuestra manera de hablar no sigue siempre las normas. Sin embargo, que nos desviemos de las reglas descritas en los diccionarios o los libros de gramática no quiere decir que no sigamos una lógica. Cuando nos comunicamos, siempre seguimos las leyes más profundas, las de "la física", las de la lógica de cualquier idioma humano.

Volviendo a la analogía del helado, ¿se puede decir que el sabor chocolate con nueces sea "incorrecto"? Obviamente la idea es ridícula. Lo único que se podría decir es que no sigue los patrones del sabor fresa, ni los patrones de otros sabores. Sigue los patrones del chocolate con nueces. Esto sucede también en todo sistema lingüístico natural: sigue su propia lógica.

Aquí presentamos unos ejemplos en español y en inglés.

	Versión A	Versión B
	Inglés	
1.	*That coffee is cold.*	*That coffee cold* o *That coffee be cold.*
2.	*I don't want any.*	*I don't want none.*
3.	*To whom are you writing that letter?*	*Who are you writing that letter to?*
4.	*Jane and I went to the store.*	*Me and Jane went to the store.*
	Español	
5.	*¿Llegaste a tiempo?*	*¿Llegastes a tiempo?*
6.	*¡Siéntense ahora mismo!*	*¡Siéntensen ahora mismo!*
7.	*Te lo traje.*	*Te lo truje.*
8.	*Dame un minuto y te vuelvo a llamar.*	*Dame un minuto y te llamo patrás.*

Según algunas fuentes, todos los ejemplos en la columna "Versión A" se consideran "gramaticalmente correctos" mientras que los de la "Versión B" no lo son. Sin embargo, todas las oraciones de la columna "Versión B" son usos naturales de comunidades de hablantes y, por lo tanto, es imposible que sean agramaticales (es decir, es imposible que violen "las leyes de la física"). Siguen sus propias reglas diferentes a las de otras comunidades de hablantes. De hecho, hay una diferencia entre *"That coffee cold"* y *"That coffee be cold"* – no quieren decir exactamente la misma cosa, y los hablantes del inglés afroamericano saben cuándo usar cuál.[7] Para extender la analogía de la máxima del taxi, podríamos decir que los enunciados en inglés de la Versión A siguen las leyes de conducir en Estados Unidos, mientras que los de la Versión B siguen las reglas de Inglaterra.

¿Cómo reaccionaste a los ejemplos 1, 2, 5, 6, 7 y 8? Ahora que entiendes que todas estas maneras de hablar ("sabores de helado diferentes") son usos naturales y, por lo tanto, 100% gramaticales, ¿qué piensas de tu reacción inicial?

Puede ser que te extrañen los ejemplos 3 y 4 de la lista. En el inglés de Estados Unidos, muchísima gente dice: *"Who are you writing that letter to"?* porque la alternativa: *"To whom are you writing that letter"?* suena demasiado rebuscada. Estos ejemplos demuestran que lo que nos indican las gramáticas no siempre encaja con lo que la gente realmente dice – incluso la gente que normalmente habla lo que la sociedad considera un dialecto prestigioso. Como apuntan Wolfram y Schilling-Estes (2006: 10):

> "si tomáramos una muestra del habla cotidiana de la mayoría de la gente, encontraríamos que casi nadie habla . . . de la manera que se prescribe en los libros de gramática".

Lo mismo es cierto para el español.

Para invocar otra analogía, te invitamos a que pienses como geólogo. Cuando los geólogos encuentran una piedra en algún lugar, jamás se les ocurriría decir, "Esta piedra es incorrecta". Sería ridículo porque ¡las piedras no pueden ser "incorrectas"! Solo pueden pertenecer a cierta parte del planeta u otra. Lo mismo ocurre con las maneras de hablar. Si escuchas hablar a una persona de la manera que adquirió su lengua en su lugar de origen, nunca pienses que sea "incorrecto" lo que dice. En vez de eso, entiende que todo sistema comunicativo tiene una sistematicidad.

Para resumir esta sección, la palabra *gramática* generalmente se entiende de tres maneras diferentes:

Tres definiciones de "gramática"

Definición	Cómo se usa la palabra *gramática* con esta definición	También se conoce como
1. El sistema o heliografía (*blueprint*) que todo hablante tiene en la cabeza y que representa la manera de hablar de su comunidad.	"La gramática de algunos hablantes permite poner el pronombre antes del verbo en las preguntas ("*¿Cómo tú estás*"?) mientras la de otros hablantes no.	Gramática **descriptiva**, porque se limita a describir el sistema.
2. La terminología gramatical y el poder expresar sus usos.	"Vamos a aprender a formar *le passé composé* del francés".	Conocimientos **metalingüísticos**; etiquetas
3. Consejos sobre lo que se considera más apropiado o "estándar".	"Decir 'Llegastes tarde' no sigue la gramática normativa del español".	Gramática **prescriptiva**, porque intenta prescribir cómo hablar.

Bajo la definición 1 de *gramática*, es imposible que un uso lingüístico sea agramatical; esto lo vimos con la máxima del taxi y con las analogías del helado y de las piedras. La definición 2 se trata de la información que aprendemos en clases de idiomas y de lingüística. Los términos gramaticales como *conjugación* o *pronombre* nos ayudan a describir las gramáticas de los idiomas. La definición 3 es la que adoptan algunas academias de lengua cuando dicen cómo deberíamos hablar. Por ejemplo, el Centro Virtual del Instituto Cervantes tiene una página que se llama el *Museo de Horrores* que presenta una lista de usos que no se aceptan en su gramática prescriptiva, algunas de las cuales estudiaremos en el presente libro.

Entonces, todo sistema lingüístico natural sigue patrones lógicos y no se le puede tildar de "incorrecta" a ninguna forma dentro de ellos. Otra analogía útil es la ropa. ¿Puede ser *incorrecta* una corbata? No. Pero puede ser inesperada o inapropiada si te la pones en la playa. ¿Es *incorrecto* un traje de baño? Obviamente no, pero resultaría extraño y fuera de lugar en una boda formal. Las formas lingüísticas son como la ropa. Ninguna prenda de ropa puede ser inherente e intrínsecamente "incorrecta" (ni lo pueden ser un sabor de helado, ni una piedra). Pero sí puede resultar extraña cierta prenda de ropa en cierto lugar o contexto, y la gente hasta la puede criticar. **Pero estos juicios son sociales y no lingüísticos**. Este concepto de la boda y la playa es relevante para lo que vamos a estudiar en este libro.

¿Existe algún uso verdaderamente incorrecto/agramatical de una lengua? Sí, cuando empezamos a aprender otra lengua, o quizás experimentamos un desliz de lenguaje, es posible que produzcamos errores. En los ejemplos que siguen, nota el uso del asterisco "*", que indica que la frase es agramatical.

*Ellos fuiste a la tienda.
*Keys the are on table the.

Estos *no* son usos que se produzcan dentro de ninguna comunidad de hablantes del español o del inglés. En otras palabras, nadie habla así. Estos ejemplos violan las reglas sintácticas de todas las variedades de estas lenguas. Pero cuando la gente realmente dice algo – como las oraciones "Versión B" arriba – no se puede tildar de agramatical, a pesar de que no siga las reglas oficiales.

Para resumir esta sección, hay dos maneras de hablar sobre las lenguas: la descriptiva y la prescriptiva. La gramática **descriptiva** describe lo que realmente dice la gente, sin juzgarlo. La gramática **prescriptiva** intenta regular/prescribir lo que "se debe" y "no se debe" decir. Por ejemplo, los diccionarios y Academias de Lengua suelen ser prescriptivos, si bien la Real Academia de la Lengua Española ha mostrado interés en ser más descriptiva. En este libro, animamos una visión descriptivista de la gramática, ya que capta más fielmente las variedades del español habladas por el mundo.

La gramática **descriptiva**	Describe lo que realmente dice la gente, sin emitir juicio sobre su aceptabilidad.
La gramática **prescriptiva**	Intenta regular/prescribir lo que "se debe" y "no se debe" decir; considera incorrectos ciertos usos.

Te animamos a que pienses como física/físico y no como policía de tráfico:

crédito de imagen: NASA GSFC/Sarah Frazier

La física de la foto a la izquierda, al escuchar o leer un uso lingüístico que desconoce, piensa "¡Ah, qué interesante! ¿Cuál es la regla que produce ese uso? La voy a descubrir." mientras que la policía a la derecha insiste "Ese uso es incorrecto y no se debe usar".

Actividad 1.5 ¿A qué definición de _gramática_ pertenece cada oración a continuación? Escribe en las cajas correspondientes las letras de las oraciones: (a), (b), etc. Por último, indica si cada definición es prescriptivista o descriptivista.

a. Algunos hablantes del caribe pronuncian /carta/ como [kal.ta].
b. Mezclar dos lenguas está mal y significa hablar los dos incorrectamente.
c. _Llegastes ayer_ es incorrecto. Se debe decir _Llegaste ayer_.
d. El subjuntivo es un modo verbal que no afirma una acción.

e. La tercera persona singular en español es *ella, él, usted*.

f. El inglés afroamericano permite omitir el verbo "be": "She late."

g. *Haiga* está mal dicho porque el diccionario dice *haya*.

Definición de "gramática"	Las letras de las oraciones: (a), (b), etc.	¿Es prescriptivista o descriptivista?
1. El **sistema** o heliografía (*blueprint*) que tiene todo hablante en la cabeza que representa la manera de hablar de su comunidad.		
2. La **terminología** gramatical y el poder expresar sus usos.		
3. **Consejos** sobre lo que se considera más apropiado o "estándar".		

El registro

Ya hemos aclarado que un dialecto es la manera de hablar de una comunidad, sea por la región geográfica (el español de Oaxaca; el inglés neoyorquino) o por la cultura (el caló; el español hablado de los gitanos en España; el inglés afroamericano). Pero también existe la variación al nivel individual. Es decir, dentro de cada grupo dialectal, los individuos varían su manera de hablar según algunos factores, como el grado de formalidad. Esto se llama el **registro**.

Actividad 1.6 Tomaste una clase muy difícil el semestre pasado. Imagina cómo describirías la clase en las siguientes dos circunstancias. El contenido de lo que dices debe ser más o menos igual; solo la manera de decirlo debe variar según los dos "públicos". Después, anota las diferencias entre las dos descripciones. Se trata de una diferencia de registro.

a. Con unos amigos que están pensando tomar la misma clase.

b. Con dos señoras que te están entrevistando para un trabajo.

En general, la gente suele cambiar su manera de hablar según el contexto en que se encuentra. Quizás digamos *qué onda* a un amigo y *buenos días* a un profesor. Esta variación se trata de diferentes registros o niveles de formalidad. Volviendo a la analogía de la boda y la playa, el registro informal es "de la playa" y el formal es "de la boda".

Debemos recordar algo muy importante. Todas las maneras naturales de hablar son gramaticalmente correctas. Así que el registro de la playa NO es incorrecto – pero quizás sea *inapropiado* si les hablas así a unas señoras que te están entrevistando para un trabajo. Pero también sería inapropiado hablar de manera muy formal en la playa con tus amigos. Casi todo el mundo manipula el grado de formalidad al hablar, de la misma manera que nuestra manera de vestirnos cambia según el contexto. No vamos a una entrevista de trabajo en pijama, ni tampoco saludamos al entrevistador con "¡Quiubo, compa"! Llegamos a la entrevista con una vestimenta formal y con un habla formal también – es decir, manejamos nuestro registro.

Actividad 1.7 Decide si los ajustes de habla a continuación se tratan de diferencias *dialectales* o de *registro*.

a. Digo *cacahuate* cuando estoy en México, pero *maní* cuando estoy en Argentina.
b. Digo *no manches* cuando mis amigos me cuentan una historia increíble, pero si me la cuenta una profesora digo "*¡Qué increíble*"!
c. En cuanto más tiempo paso en Nueva York, menos pronuncio la 'r' final de sílaba en inglés (por ejemplo, digo "cah" en vez de "car").
d. Cuando mis amigos me preguntan cómo me va, respondo "*I'm good*", pero cuando me lo pregunta mi jefa, le digo "*I'm well*".

1.3 El prestigio lingüístico

Antes de empezar esta sección, les pedimos a los lectores que contesten las siguientes cinco preguntas con su opinión.

Actividad 1.8 Indica tu opinión sobre cada una de estas cinco ideas.

1. Si una palabra no está en el diccionario, como *haiga*, *dijistes* (español) o "*ain't*" (inglés), es **incorrecta**.
   ☐ cierto   ☐ falso
2. Si alguien pronuncia una palabra de una manera que no corresponde con su ortografía (cómo está escrita) – por ejemplo, "*dehpuéh*" en vez de "*después*" o "*ax*" en vez de "*ask*" (en inglés) – la palabra estaría **mal dicha**.
   ☐ cierto   ☐ falso
3. Ciertas formas son **agramaticales** (en el sentido de las reglas profundas, como las de física) como "*Llegastes tarde*" (español) o "*He don't want none*" (inglés).
   ☐ cierto   ☐ falso
4. Combinar rasgos de dos lenguas diferentes representa una **corrupción**, como cuando decimos algo como *Tengo que taipear este papel para entregarlo a la maestra*.
   ☐ cierto   ☐ falso
5. El **mejor** inglés del mundo es el de Inglaterra, y el mejor español se habla en España.
   ☐ cierto   ☐ falso

Al principio de este capítulo se presentó la idea de que la lengua está estrechamente conectada a los grupos geográficos, etarios, étnicos y sociales. Cuando cierto grupo social está **estigmatizado** (es decir, tiene menos prestigio en la sociedad y muchas veces sufre de diferentes tipos de discriminación), su forma de hablar también suele estar estigmatizada. Los lingüistas saben que todos los usos naturales de la lengua – tan naturales como todos los sabores de helado o todas las piedras – representan un sistema válido de comunicación que sigue reglas y patrones. También saben que las cinco oraciones de la Actividad 1.8 son **falsas**.

Sin embargo, la sociedad normalmente juzga ciertas variedades o variantes de la lengua como peores, agramaticales o incorrectas, y a otras variedades como mejores, gramaticales y correctas.

Actividad 1.9 Normalmente ¿de qué grupos sociales son las variantes estigmatizadas? Es decir, la forma de hablar ¿de qué grupos son las que se estigmatizan (tienen *menos prestigio*)? Selecciona una opción por cada letra.

Tiene <u>menos</u> prestigio:

a. ☐ la clase alta   ☐ la clase baja
b. ☐ la gente joven   ☐ la gente mayor
c. ☐ un grupo étnico minoritario   ☐ un grupo étnico mayoritario
d. ☐ la gente de zonas urbanas   ☐ la gente de lugares rurales
e. ☐ la gente sin muchos estudios formales   ☐ la gente con muchos estudios formales
f. ☐ las personas monolingües   ☐ las personas bilingües/multilingües

¿Qué otras prácticas de estos grupos (música, ropa, etc.) a veces se estigmatizan? Da por lo menos dos ejemplos específicos.

Actividad 1.10 Haz una búsqueda por internet con los términos "*ax vs ask*". Lee por lo menos tres sitios diferentes y anota las opiniones de la gente. La gente que la critica, ¿menciona otras características de las personas que suelen usar esa forma? Por ejemplo, ¿se menciona algo sobre el grupo social o étnico de estos hablantes? Si tienes tiempo, mira el video "Why do people say AX instead of ASK?" on Decoded MTV (lo encontrarás en http://potowski.org/gramatica_variacion_enlaces_1).

En resumen, las formas de hablar estigmatizadas suelen ser las de las personas estigmatizadas. Dicho de otra manera, el prestigio de una forma de hablar típicamente corresponde directamente con *el prestigio del grupo social que habla de esa manera*.

Otro mito común es que "son mejores" los dialectos originarios de los idiomas. De ahí sale que algunos aprecien más el inglés del Reino Unido que el de la India, el de Jamaica o de los Estados Unidos, o que aprecien más el español de España que el de Latinoamérica. Pero pensemos en Nuevo México, donde la gente todavía usa algunas formas antiguas como "*vide*" en vez de "*vi*" y "*asina*" en vez de "*así*". Incluso cuando se trata de un dialecto con formas antiguas, como el nuevomexicano, mucha gente critica estas maneras de hablar. En casos como estos, es evidente que el criterio de la edad del dialecto no se está aplicando de manera consistente, sino que es – una vez más – el prestigio de los hablantes lo que guía las valoraciones internacionales. Esto lo volveremos a ver con más detalle en el Capítulo 2.

Actividad 1.11 Haz una búsqueda por internet de frases como "se habla el mejor español", "el mejor español", "se habla el peor español". Trae tus resultados a clase. Con los compañeros de clase, apunten los dialectos que se aprecian más y los que se estigmatizan. Conversen sobre las posibles razones del apreciar o estigmatizar estos dialectos.

Por último, consideremos otro mito presentado arriba, sobre la correspondencia entre la pronunciación y la ortografía. Cualquiera que sepa leer y hablar el inglés, el francés o muchas otras lenguas, sabrán que este criterio no es lingüísticamente válido. Hay un ejemplo famoso del inglés que dice que la palabra "*fish*" se puede escribir "*ghoti*", usando los siguientes sonidos:

Una extensión de esta idea se encuentra en la oración siguiente. ¿De cuántas maneras diferentes se pronuncia el grupo de letras **–ough** ?

"Th**ough** I c**ough**ed r**ough**ly thr**ough**out the lecture, I still th**ough**t I could pl**ough** thr**ough** the rest of it."

Además, hay que recordar que de las casi 7.000 lenguas del mundo, solamente la mitad tiene sistemas de escritura. Las aproximadamente 3.500 lenguas sin sistemas de escritura, ¿se pueden criticar de 'no pronunciar bien' al hablarlas? Y aun cuando una lengua cuenta con un sistema de escritura alfabético (en el cual las letras representan sonidos), nunca habrá una correspondencia exacta entre el texto y la manera de hablar. Una correspondencia (casi) exacta entre representación gráfica y sonido sólo podría darse si la lengua se escribiera en A.F.I., el Alfabeto Fonético Internacional (busca un poco más sobre el A.F.I., conocido como *I.P.A.* en inglés, por Internet). A continuación la oración "Though I coughed roughly…" está escrita en A.F.I.:

[ðoʊ aɪ kaftˈɹʌfli θɹuaʊt ðə lɛkʃɚ aɪ stɪl θat aɪ kʊd plaʊ θɹu ðə ɹɛstˈəv ɪt]

Para acabar esta sección, consideremos otra analogía. Imaginemos que llegamos a Marte y descubrimos que hay una civilización muy desarrollada de marcianos extendida por todo el planeta. Como lingüistas, intuimos que va a haber diferentes maneras de hablar el marciano en diferentes lugares geográficos, por marcianos de diferentes edades y categorías de género y de diferentes clases sociales. Queremos descubrir cuál es la variedad de marciano con más prestigio. Una excelente manera de hacerlo sería contratar a una agente de bienes raíces, para que nos lleve a la vecindad más exclusiva de una ciudad importante. Los marcianos que viven allí hablan cierto dialecto del marciano, y por ser ellos los marcianos que tienen mayor prestigio, su forma de hablar se va a encontrar en las noticias, en las escuelas, en los periódicos y en los diccionarios del marciano. ¿Es porque su dialecto sea 'mejor' que el de otros marcianos? No, es porque ellos tienen más prestigio y, como resultado, su dialecto también lo tiene. En resumen, el proceso que crea un vínculo entre el prestigio y los dialectos es el siguiente: primero se crea una sociedad en que algunas personas tienen más poder y prestigio que otras. Después, la manera de hablar de la gente prestigiosa se vuelve el dialecto prestigioso. Se muestra este proceso en la Figura 1.3.

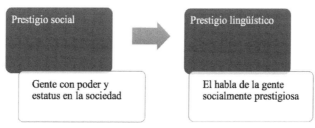

Figura 1.3 El proceso del prestigio lingüístico

El vínculo entre el prestigio social y el prestigio lingüístico se observa claramente en las **actitudes lingüísticas,** que son las maneras en que juzgamos el lenguaje (Martínez, 2006: 20). Recuerda de la Sección 1.1 ("La lengua como significador social") que los seres humanos intentan clasificarse unos a otros según su manera de vestirse, de hablar, etc. Este proceso han investigado los lingüistas a través de varios métodos. Uno de los más ingeniosos se llama *técnica de pares ocultos* (*'matched guise'*). Una misma persona varía su manera de hablar – por ejemplo, habla en dos lenguas diferentes, o usa diferentes rasgos dialectales – para hacerse pasar por dos personas distintas. Los investigadores piden a los participantes del estudio que escuchen las grabaciones de las "dos personas" (que, repetimos, se trata de una sola persona grabada dos veces, hablando de maneras diferentes).[8] Después de escuchar las grabaciones, se les pide a los participantes que califiquen a 'cada' hablante según categorías como "rico-pobre", "simpático-antipático", "trabajador-perezoso", etcétera. De esta manera, se revelan las actitudes que tiene la gente sobre las diferentes formas de hablar. Para ver un ejemplo en inglés de una actividad de pares ocultos, ve a http://potowski.org/gramatica_variacion_enlaces_1 y busca "Pares ocultos".

Un resultado muy llamativo del uso de la técnica de pares ocultos refleja una realidad que, desgraciadamente, es bastante común. El lingüista John Baugh llamó a varios números de teléfono que aparecían en anuncios de viviendas en renta en un periódico en el norte de California. A cada persona que contestaba al teléfono, les decía básicamente lo mismo – *Hello, I'm calling about the apartment you have advertised in the paper* – pero variaba entre un acento afroamericano, un acento chicano y un acento que se asocia con angloamericanos (para escucharlos, ve a http://potowski.org/gramatica_variacion_enlaces_1 "John Baugh linguistic profiling"). En su estudio, las probabilidades de que el investigador concretara una cita para ver la vivienda aumentaban cuando usaba el acento "estándar angloamericano estadounidense" (Purnell et al., 1999).

Cuadro 1.2 Probabilidad de concretar una cita según el acento utilizado en la llamada (Purnell et al., 1999).

Geographic location	Standard American English	Chicano American English	African American Vernacular English
Palo Alto	63.1%	39.1%	48.3%
Woodside	70.1%	21.8%	28.7%

Incluso en algunas instancias le dijeron que la vivienda "ya se había rentado", pero cuando volvía a llamar con el acento angloamericano, le ofrecían cita para verla (Baugh, 2003). Baugh le puso un nombre a este tipo de discriminación: *evaluación por perfil lingüístico* ('linguistic profiling'). Su trabajo tuvo un resultado importante: las autoridades empezaron una campaña para criminalizar este tipo de discriminación de parte de los dueños de viviendas, incluyendo unos anuncios televisados. Hay un ejemplo en http://potowski.org/gramatica_variacion_enlaces_1 bajo "Fair housing PSA commercial".

Igual que en inglés y en cualquier otra lengua, la gente manifiesta distintas opiniones sobre los dialectos de español. Las investigaciones sobre las actitudes lingüísticas hacia el español han mostrado que se suelen valorar más los dialectos de los monolingües que por los bilingües. Por ejemplo, Kravitz (1989, citado en Martínez, 2006: 33) pidió a un grupo de nuevomexicanos que evaluaran pares de frases: una representaba el dialecto del sudoeste de los EEUU y la otra, el español mexicano estándar:

Dialecto del Sudoeste	Dialecto de México
Esta maestra sabe tichar	*Esta maestra sabe enseñar*
Vuelamos rápido	*Volamos rápido*

Los participantes respondieron que las versiones del español mexicano eran más correctas, lo cual no sólo muestra el rechazo de formas que no coinciden con la gramática prescriptiva, sino también el desprecio a la variedad bilingüe que incorpora un vocabulario influenciado por el inglés (ver también Ramírez, 1992, citado en Martínez, 2006).

Otro estudio se hizo en Texas. Gutiérrez & Amengual (2016) les presentaron a 48 estudiantes universitarios (24 monolingües en inglés y 24 bilingües) a grabaciones y fotos de tres mujeres. La mujer "A" tenía la piel y el cabello muy claros (lo que en México se describiría como "güera"); la mujer B tenía la piel y el cabello más oscuras; y la mujer C tenía la piel todavía más oscura.

Mujer A   Mujer B   Mujer C

También escucharon tres muestras de habla diferentes producidas por diferentes personas en Estados Unidos (el hecho de que las produjeran personas diferentes hace que el estudio no sea estrictamente de pares ocultos). La muestra 1 era un dialecto monolingüe de un inglés "mediano" del país. La muestra 2 también era un dialecto monolingüe del inglés pero uno que se llama *inglés chicano*. (Para escuchar un ejemplo de este dialecto, ve a http://potowski. org/gramatica_variacion_enlaces_1 bajo "Inglés chicano/latino".) Nota que este joven es monolingüe en inglés; ¡no habla español! La muestra 3 se trataba de una persona hispanohablante que todavía estaba aprendiendo el inglés.

Los investigadores crearon diferentes pares, combinando cada foto con cada muestra de habla: algunos escucharon la muestra 1 mientras veían a la mujer B, otros escucharon la muestra 2 con la mujer C, etc. Al ver las fotos y escuchar los audios, los participantes tenían que contestar varias preguntas, usando una escala de 1 a 10. Algunas de ellas eran:

- ¿Cuánto inglés sabe esta persona?
- ¿Qué tan fácil es entender a esta persona?
- ¿Tiene altos niveles de educación formal?
- ¿Crees que esta persona habla español en su casa?

La pregunta principal de la investigación fue: *¿Qué influye más en las respuestas de los participantes: la voz o la foto?* Estas son algunos de los resultados interesantes:

1. Entre más "acento español"[9] tenía una muestra, más bajas eran las evaluaciones actitudinales en general, sin importar la foto. Es decir, las muestras se evaluaron así:

   Muestra 1　　　　　　**Muestra 2**　　　　**Muestra 3**
   Fácil de entender .... Difícil de entender
   Altos niveles educación .... Bajos niveles de educación

2. En general, se evaluó la muestra del acento anglo como el más comprensible y de mayor proficiencia – sin importar la foto – mostrando que se aprecia más el dialecto anglo "estándar" que el chicano. La muestra 3 (de la persona que tenía el inglés como nueva lengua) se evaluó como la más difícil de entender de nuevo, sin importar la foto.
3. La cantidad de evaluadores bilingües que dijeron poder entender la muestra 3 fue más alta que entre los evaluadores monolingües.
4. La foto influyó en las respuestas sobre si la persona usaba el español en casa, pero solo entre los evaluadores bilingües, quienes respondieron que la mujer usaba español en casa más cuando la muestra 2 se emparejó con la foto C que con la foto A.

A pesar de que la foto no afectó las evaluaciones del inglés de cada muestra, otros estudios indican que los rasgos físicos arraigados en la biología (el *fenotipo*) de una persona sí pueden afectar la evaluación de su forma de hablar. En un famoso estudio de Rubin (1992), 62 estudiantes universitarios monolingües en inglés escucharon una grabación de una sola lección en inglés, de 4 minutos de duración, sobre un tema básico. La voz de una misma mujer, una hablante nativa del inglés, se empleó para las dos grabaciones. Mientras escuchaban la lección, los estudiantes veían la foto de una mujer que supuestamente representaba a la que hablaba. A la mitad de los estudiantes se les enseñó la foto de una mujer caucásica y a la otra mitad, la de una mujer asiática.

Inmediatamente después de escuchar la grabación, los estudiantes contestaron una serie de preguntas sobre (1) el contenido y (2) el acento de la hablante. Aquellos que habían visto la cara asiática respondieron que la muestra tenía un acento extranjero. Recuerda que se usó la misma voz en las dos grabaciones, así que ¡se trataba de un "acento fantasma"! Aun más sorprendente es el hecho de que, en los casos de la foto de la mujer asiática, los estudiantes respondieron erróneamente a más preguntas, sobre todo en la lección científica. Estos resultados sugieren que las ideologías influyen en las evaluaciones étnicas y lingüísticas. Tanto Rubin (1992) como Gutiérrez y Amengual (2016) encontraron que la presunta etnicidad influye en la manera que "se oye" la forma de hablar. Es decir, a veces la gente "no comprende" a ciertas personas porque no quieren comprenderlas.

¿Por qué tienen unas variedades más prestigio que otras? A veces la gente responde que es por "como suena". Quizás digan que les gustan más los sonidos del italiano en comparación con los del alemán, o que el inglés americano suene demasiado 'nasal'. Pero consideren el siguiente ejemplo del sonido 'rr'. En Puerto Rico, en vez de pronunciar la *r* múltiple (como en *carro* o *risa*) de manera alveolar – es decir, en la parte delantera de la boca – a veces se pronuncia un sonido *velarizado*, es decir más atrás en la garganta, de tal modo que *carro* suena a *caxo*, y *Ramón* y *jamón* suenan casi iguales. Algunos hispanohablantes dicen que no les gusta el español puertorriqueño porque les cae mal esta realización de la 'rr'. Pero esta misma gente podría fácilmente pensar que el francés es una lengua muy bonita y prestigiosa – a pesar de que el francés velariza **todas** las 'r' (de tal modo de que *français* suena a *fxançais*). Entonces, la percepción de lo que suena "bien" o "mal" está influenciada por ciertos prejuicios. En el mundo hispanohablante, los puertorriqueños que dicen *caxo* en vez de *carro* no son las personas con más poder social. Si lo fueran, lo más probable sería que la gente dijera que *caxo* suena mejor que *carro*.

Los diccionarios, libros de gramática y academias de lengua

¿Qué papeles juegan los diccionarios, los libros de gramática y las academias de lengua en el proceso del prestigio lingüístico? Como vimos anteriormente con la analogía de los marcianos, las palabras que llegan al diccionario y las formas de hablar que entran en los libros de gramática (también se les llaman "las gramáticas") son las de los grupos favorecidos. Repetimos, sus formas de hablar **no** tienen mayor valor innato, sólo mayor valor social. La lengua y el poder están inextricablemente unidos. De esta manera, se crea un ciclo que se automantiene: La manera de hablar de la gente prestigiosa ingresa en el diccionario y en las gramáticas; a su vez, estas personas de la élite socioeconómica estudian en las escuelas, instituciones que recurren a las fuentes de referencia mencionadas para legitimar su forma de hablar y excluir las formas de hablar de los demás.

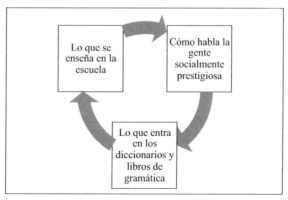

Figura 1.4 El ciclo del prestigio lingüístico

Otro concepto que va de la mano con los diccionarios y las gramáticas es de **la gramática prescriptiva**, que se presentó en la sección 1.2 Recuerda que la gramática prescriptiva consiste en las formas y usos que se prescriben a la gente. Dicho de otra manera, son las formas que se aceptan oficialmente. Algunos países como Francia y España han establecido Academias de la Lengua para determinar qué usos siguen las reglas prescriptivas. Otros países, como Inglaterra y Estados Unidos, no han formado tales instituciones. Sin embargo, existen múltiples diccionarios y gramáticas que sirven de "autoridades" de las reglas. Como vimos en la Figura 1.4, algunas de estas reglas se basan en la manera de hablar de la gente socialmente prestigiosa. Pero las reglas prescriptivas no paran allí; incluyen también formas que casi nadie usa en el habla cotidiana. Por ejemplo, recuerda nuestro ejemplo: *"To whom are you writing that letter"?*, el cual mostró que lo que prescriben las gramáticas no siempre encaja con lo que la gente realmente dice – incluso la gente que normalmente habla lo que la sociedad considera un dialecto prestigioso.

Actividad 1.12 Escribe una palabra que signifique lo opuesto de los siguientes términos.

Estándar   →
Correcto   →
Apropiado (*proper*) →
Bueno   →

¿Qué connotaciones tienen estos términos cuando se aplican a las formas de hablar?

Actividad 1.13 Mira el video *"TED Ed Does grammar matter?"* (4:39 minutos, disponible en http://potowski.org/gramatica_variacion_enlaces_1) y anota 1–2 cosas que te llamaron la atención.

Como indicamos en la sección sobre el registro, la ropa que se espera en las bodas – es decir, los usos de la lengua que se valoran en la escuela, en las noticias y en otros eventos formales – suele ser lo que se encuentra en los diccionarios y gramáticas. Si ciertos usos como *"fuistes"* o *"He ain't got none"* no se encuentran en estos textos de referencia, sería muy raro que fueran 'aceptados' en la boda/el acto comunicativo formal. Es decir, la analogía de la boda y la playa no es totalmente justa ni inocente: ¿Por qué se admiten ciertas prendas de ropa (formas de hablar) en ciertos eventos y otras no? Si insistimos que *"¿Llegastes a tiempo"* y *"He ain't got none"* son igual de gramaticales que *"¿Llegaste a tiempo"?* y *"He doesn't have any"*, entonces insistir en ciertas formas en situaciones formales es aceptar el sistema que privilegia esas formas de hablar. Si bien la analogía de la boda y la playa nos ayuda a evitar tildar de 'incorrectas' las formas de hablar, esta no impide que la desigualdad entre las variantes lingüísticas y las personas se siga perpetuando. Como lo notan Wolfram & Schilling-Estes (2006: 10), a lo mejor esto se trata de un comportamiento humano normal: ciertas maneras de comportarse (vestirse, hablar, tratar a los ancianos, etc.) se consideran normativas o prestigiosas para la sociedad, y otras no.

Efectivamente, algunos autores afirman que insistir en formas "estándar" representa promover la desigualdad social. Por ejemplo, en su artículo *"Bi-Dialectalism: The Linguistics of White Supremacy"*, James Sledd (1969) insiste en que obligar a los afroamericanos a aprender el inglés estándar es una manera de mantener y perpetuar la supremacía de la población angloamericana. Hace la pregunta, ¿Por qué son *ellos*, y no los anglos, los que tienen que cambiar su manera de hablar? Se ha propuesto el mismo argumento sobre el español hablado en los Estados Unidos. Villa (2002) sostiene que al prohibir el uso de rasgos muy típicos de los latinos bilingües (como decir *llámame patrás*) en el entorno académico, les enseñamos, sin querer, que su manera de hablar está mal. De manera parecida, Lynch y Potowski (2014) criticaron a la Academia Norteamericana de la Lengua Española (A.N.L.E.) por un libro que publicaron, en el que insisten en que muchos usos del español estadounidense como *aplicación* (de trabajo), *casual* (informal) y *chatear* se deben evitar, a pesar de que forman parte del vocabulario de unos 40 millones de hablantes.

¿De qué sirven entonces los diccionarios y los libros de gramática? Hay por lo menos tres respuestas a esta pregunta:

a. Son injustos, innecesarios e inválidos. Todo el mundo debe hablar siempre en todo contexto como lo hacen en sus comunidades.
b. Todos, en todo momento, debemos intentar hablar y escribir como nos dicten estos textos de referencia.
c. Estos recursos sirven para que haya acuerdo en cómo hablaremos y escribiremos en contextos formales, como la escuela o la corte.

Actividad 1.14 Lee sobre un debate entre A.N.L.E. y algunos lingüistas (en http:// potowski.org/gramatica_variacion_enlaces_1 bajo "Debate con la ANLE"). Escribe un breve resumen (2–3 párrafos) en español, acabando con 1–2 oraciones de tu opinión sobre el contenido.

Actividad 1.15 En la clase, organicen un debate sobre estos temas. ¿Es razonable pedirle a la gente que hable un dialecto con rasgos estigmatizados que cambie su forma de expresión en sus clases universitarias, en las entrevistas formales y en las situaciones legales? ¿Por qué sí o no?

Actividad 1.16 Explica en detalle por qué cada una de las cinco frases de la Actividad 1.8 son falsas.

1.4 Resumen

Los libros de gramática tradicionales normalmente incluyen una lista muy larga de varias estructuras gramaticales. Se presenta la terminología de cada forma, seguida por una descripción de su uso y unos ejercicios que requieren que los estudiantes la practiquen de manera mecánica. Sin embargo, estas guías tradicionales omiten información muy importante sobre la gramática y el lenguaje en general, puesto que rara vez describen lo siguiente:

1. Las situaciones en que hay más de una manera de expresar algo;
2. Qué comunidades usan qué formas gramaticales;
3. Por qué se aprecian algunas formas gramaticales mientras se desprecian otras.

La mayoría de los cursos de gramática, entonces, pasa por alto cómo de veras habla la gente, excluyendo muchas reglas gramaticales que existen en el mundo hispanohablante. Las excluyen porque no se consideran estándares. Sin embargo, se escuchan con mucha frecuencia y son una parte vital del idioma español. Además, los cursos tradicionales no suelen mencionar los procesos sociales subyacentes que llevan al aprecio o al desprecio lingüístico. Pero este es un tema importante. Como lo dicen Wolfram & Schilling-Estes (2006: 21), la lengua sirve como sustituto para temas sociopolíticos:

> "La transparencia del idioma como comportamiento social lo hace un escenario ideal para representar temas y conflictos mucho más fundamentales entre diferentes grupos de la sociedad".

En este libro, en vez de repasar y memorizar 40 o más formas gramaticales, estudiaremos en detalle 25 formas cuyo uso es variable en el mundo hispanohablante. El propósito es entender cómo se estructuran estos usos, qué grupos usan qué formas y por qué ciertas formas llegan a estigmatizarse. Incluimos muchos ejemplos del discurso auténtico, sobre todo de tres corpora del habla natural recopilado en los Estados Unidos: (1) *the New Mexican and Colorado Spanish survey* (NMCOSS, Bills & Vigil 2008), (2) *the Otheguy-Zentella Corpus of Spanish in New York* (O-Z, Otheguy & Zentella 2012), y (3) *Shin's Corpus of Spanish in Washington/ Montana* (WA/MT, Villa, Shin, & Nagata 2014). Se cambiaron todos los nombres para proteger a las identidades de los hablantes. La combinación de gramática con factores sociales también sirve como introducción a la **sociolingüística** , campo que esperamos preparar a los lectores de este libro a estudiar más a fondo.

NOTAS

1 Lo que son problemáticos son los estereotipos. Un *estereotipo* es un conjunto de rasgos que se asume para **todos** los miembros de un grupo.
2 También la formas de las lenguas de señas pueden variar según varias categorías sociales (por ejemplo véanse Lucas & Bayley, 2010). En este libro nos enfocamos en el lenguaje hablado.
3 Otra pregunta que se debate es la siguiente: si dos grupos difieren únicamente en su acento (la fonología), ¿tienen simplemente un *acento* diferente, o se trata de un dialecto diferente? Algunos insisten en que además de diferencias fonológicas es necesario que también haya diferencias léxicas (de vocabulario) y/o morfosintácticas (de estructuras) para que dos variedades lingüísticas sean consideradas como dialectos diferentes. Estos son temas muy estudiados en la lingüística, pero no los trataremos aquí.

4 Para llamar atención a una pronunciación específica, en este libro usamos corchetes [ ]. Por ejemplo, es muy común en Andalucía, el Cono Sur, el Caribe, y otros lugares aspirar la 's' al final de la
   sílaba y decir mi[h]ma en lugar de mi[s]ma.
5 Y es en parte por este motivo que algunos autores como Erker (2018) rechazan el concepto de *dialecto*, optando por la idea de "grupos de rasgos compartidos".
6 Le agradecemos a Josefina Bittar el permiso para usar estos diagramas.
7 *That coffee cold* = "Ese café está frío" y *That coffee be cold* = "Ese café siempre está frío".
8 No se usan grabaciones con dos personas diferentes para que no haya ninguna diferencia en la cali-
   dad de la voz.
9 Recuerda que muchos hablantes del inglés latino NO hablan español para nada. Pero se oye algo de
   influencia fonológica del español en esta variedad del inglés.

REFERENCIAS

Baugh, John. 2003. Linguistic profiling. In Sinfree Makoni, Geneva Smitherman, Arnetha
   F. Ball, & Arthur Spears (eds.), *Black Linguistics: Language, Society, and Politics in Africa
   and the Americas*. Oxford: Routledge.

Bills, Garland & Neddy Vigil. 2008. *The Spanish Language of New Mexico and Southern Colorado: A Linguistic Atlas*. Albuquerque: University of New Mexico.

Delsing, Lars-Olof. 2007. Scandinavian intercomprehension today. In Jan D. ten Thije y
   Ludger Zeevaert (eds.), *Receptive Multilingualism: Linguistic Analyses, Language Policies and
   Didactic Concepts*, pp. 231–246. Amsterdam: John Benjamins.

Erker, Daniel. 2018. Spanish dialectal contact in the United States. In Kim Potowski (ed.),
   Routledge Handbook of Spanish as a Heritage/Minority Language, pp. 269–283. Abingdon,
   UK: Routledge.

Escobar, Anna María & Kim Potowski. 2015. *El español de los Estados Unidos*. Cambridge:
   Cambridge University Press.

Gutiérrez, María Elena & Mark Amengual. 2016. Perceptions of standard and nonstandard language
   varieties: The influence of ethnicity and heritage language experience. *Heritage Language Journal*
   13(1), 55–79.

Jensen, John B. 1989. On the mutual inteligibility of Spanish and Portuguese. *Hispania* 72, 848–852.

Kravitz, Merryl. 1989. Decisions of correctness in New Mexico Spanish. In Dennis J. Bixler-
   Márquez, Jacob L. Ornstein-Galicia & George K. Green (eds.), *Mexican American Spanish
   and its Societal and Cultural Contexts*, pp. 154–164. Brownsville, Tx: University of Texas
   at Brownsville.

Lucas, Ceil & Robert Bayley. 2010. Variation in ASL. In Diane Brentari (ed.), *Sign Languages*, pp. 451–475. Cambridge: Cambridge University Press.

Lynch, Andrew & Kim Potowski. 2014. La valoración del habla bilingüe en los Estados Unidos: Fun-
   damentos sociolingüísticos y pedagógicos en "Hablando bien se entiende la gente". *Hispania* 97(1),
   32–46.

Martínez, Glenn. 2006. *Mexican Americans and Language: Del dicho al hecho*. Tucson, Arizona: University of Arizona Press.

Newman, Michael. 2014. *New York City English*. Berlin: Mouton DeGruyter.

Otheguy, Ricardo & Ana Celia Zentella. 2012. *Spanish in New York: Language Contact,
   Dialectal Leveling, and Structural Continuity*. Oxford: Oxford University Press.

Purnell, Thomas, William Idsardi, & John Baugh. 1999. Perceptual and phonetic experiments on
   American English dialect identification. *Journal of Language and Social Psychology* 18(1), 10–30.

Ramírez, Arnulfo. 1992. *El español de los Estados Unidos: El lenguaje de los hispanos*. Madrid:
   Editorial Mapfre.

Rubin, Donald L. 1992. Nonlanguage factors affecting undergraduates' judgments of nonnative English-speaking teaching assistants. *Research in Higher Education* 33, 511–531.

Sledd, James. 1969. Bi-dialectalism: The linguistics of white supremacy. *The English Journal* 58(9), 1307–1329.

Villa, Daniel. 2002. The sanitizing of U.S. Spanish in Academia. *Foreign Language Annals* 35(2), 222–230.

Villa, Daniel, Naomi L. Shin, & Eva Nagata. 2014. La nueva frontera: Spanish-speaking populations in Central Washington. *Studies in Hispanic and Lusophone Linguistics* 7(1), 149–172.

Wolfram, Walt & Natalie Schilling-Estes. 2006. *American English: Dialects and Variation*, 2nd edition. Malden, MA & Oxford: Blackwell Publishing.

Capítulo 2

Sustantivos, pronombres, preposiciones

2.1 Los sustantivos

¿Qué es un sustantivo?

En general los sustantivos (*nouns*) se refieren a las personas, los lugares o las cosas. Por ejemplo, las palabras *papá, mamá, pluma* y *café* son **sustantivos.**

> **Actividad 2.1** Si no tienes muy claro qué es un sustantivo, busca en YouTube el video *Schoolhouse Rock nouns* (disponible en http://potowski.org/gramatica_variacion_enlaces_2).

Una prueba útil que funciona con la mayoría de los sustantivos es colocarle la palabra *el/un* y también *la/una* antes. Estas palabras *el/un/la/una* se llaman *artículos*. Por ejemplo, antes de la palabra *mamá*, se pueden colocar *la* y *una* → *la mamá, una mamá*. Antes de *papá*, se puede colocar *el* y *un* → *el papá, un papá*. Entonces *mamá* y *papá* son sustantivos. Pero si no se puede decir tanto *el/un* como *la/una* antes de la palabra, entonces no es un sustantivo. Por ejemplo, se puede decir "el estudiar toma tiempo" pero no se puede decir "*un estudiar", entonces *estudiar* falla esta prueba y no es un sustantivo.

> **Actividad 2.2** Usando esta prueba, decide si las palabras en el Cuadro 2.1 son sustantivos o no.

Cuadro 2.1 ¿Son sustantivos?

Palabra	Sí o no	Palabra	Sí o no
mamá → la mamá, una mamá	Sí	libertad	
bailar		madera	
rápido		dudar	
teléfono		los	
escribió		libros	
yo		estudiaron	
computadora		felizmente	
me		buscáramos	

Los sustantivos en español tienen **género** y **número**. El género puede ser femenino o masculino, y el número puede ser singular o plural. Muchos de los sustantivos masculinos acaban en -o, y muchos de los femeninos acaban en -a.

Actividad 2.3 Indica el género y el número de los sustantivos siguientes.

	género		número	
1. bolsa	☐ femenino	☐ masculino	☐ singular	☐ plural
2. monstruo	☐ femenino	☐ masculino	☐ singular	☐ plural
3. orquestas	☐ femenino	☐ masculino	☐ singular	☐ plural
4. enojos	☐ femenino	☐ masculino	☐ singular	☐ plural
5. basureros	☐ femenino	☐ masculino	☐ singular	☐ plural
6. francesas	☐ femenino	☐ masculino	☐ singular	☐ plural

2.2 El número y el género de los sustantivos

El número de los sustantivos: Algunos sustantivos plurales

Normalmente ¿qué se agrega a las formas singulares para formar las plurales?

Actividad 2.4 Completa el Cuadro 2.2 y después llena los espacios en la Regla 1.

Cuadro 2.2 Formas plurales regulares de los sustantivos

Singular	plural
carta	*cartas*
pierna	
mochila	
libro	
ojo	
mano	
lápiz	
mujer	
ángel	
país	

La regla general que determina cómo formar las palabras plurales es:

Regla 1: *Para formar el plural, se agrega – s a las palabras que acaban en _____ y se agrega – es a las palabras que acaban en _____.*

Sin embargo, no todas las palabras siguen esta regla.

Actividad 2.5

a. Fíjate en las palabras en el Cuadro 2.3 y haz una búsqueda por Internet para encontrar sus formas plurales (busca *hindú* o *tabú* y "formas plurales español" o "cómo formar el plural en español"). Contesta la pregunta a continuación y llena los espacios en la Regla 2.

b. Fíjate en las palabras en el Cuadro 2.4 y llena los espacios en la Regla 3.

Cuadro 2.3 Sustantivos plurales variables

	Versión 1	Versión 2
hindú		
tabú		
jabalí		
israelí		

¿Qué tienen en común las palabras del Cuadro 2.3? Pista: Léelas en voz alta.

La regla que describe estas formas plurales es:

Regla 2: *A las palabras que acaban en* _____ *y que llevan el acento en* _____, *hay dos maneras de formar el plural: agregando* _____ *o* _____ .

Ahora fíjate en las palabras que acaban en – s en el Cuadro 2.4. En algunos casos se agrega *–es* para formar el plural, pero en otros casos no. ¿Puedes detectar la diferencia relevante entre las palabras de la columna A y las de la columna B? Pista: Lee las formas singulares (*tesis, lunes, país* etc.) en voz alta, y no prestes atención al género.

Cuadro 2.4 La pluralización de sustantivos que acaban en -s

A. No se agrega nada	B. Sí se agrega -es
La tesis → las tesis	El autobús → los autobuses
El lunes → los lunes	El país → los países
La dosis → las dosis	El francés → los franceses
La crisis → las crisis	El ciprés → los cipreses

La regla general que determina cómo formar las palabras plurales en el Cuadro 2.4 es:

Regla 3: *A las palabras que terminan en – s, no se agrega nada para formar el plural,* **excepto** *cuando el acento se encuentra en* _____. *En este caso se agrega* _____ .

Por último, vamos a examinar unos sustantivos plurales que rara vez se presentan en los libros de gramática. Lee los ejemplos 1–6, fijándote en los sustantivos señalados en letras negritas. Después contesta las preguntas que siguen.

1. [Los hijos] van a aprender [el español]. Pero también tienen que usarlo los **papás**. Los **papases** y las **mamases** tienen que . . . también usarlo.

   (NMCOSS)[1]

2. He perdido tres **papases** . . . . mi primer papá que se me murió era Juan Sánchez . . .

   (NMCOSS)

3. . . . ella es como muy tímida y ya . . . la quiero. . . que se desenvuelva ella y que se desenvuelva que piense que no nomás está con los **papases**.

   (O-Z, mujer mexicana)

4. ella . . . sus **papás** la dejaron porque tuvieron un accidente . . .

   (O-Z, niña mexicana).

5. . . . debe de tener dos esposas más, una en las manos y otra en los **pieses**.

   (de Muñoz Seca & López Núñez. 1917. *Juguete Cómico*, p. 50.)

6. Entonces, nosotros íbamos a Venezuela muchas veces, y había un señor, está todavía . . . Y él hacía las maracas, vendía **bongoses** . . . El era dominicano. Pero lleva muchos años en Venezuela.

   (O-Z, hombre cubano)

Preguntas

1. ¿Cuál es la forma singular de los sustantivos en negritas? ¿Qué terminación tienen en común?
2. ¿Qué significan *papases*, *mamases*, *pieses*, y *bongoses*?
3. ¿Cómo dirías tú estas palabras?

Los ejemplos 1–6 muestran que hay hablantes que dicen *papás* y también *papases*. Pero no todos los sustantivos muestran dicha variación para estos hablantes. Mira el Cuadro 2.5. ¿Cuál es la característica que tienen en común las palabras que muestran la variación plural tipo *papás~papases*? Pista: Lee las palabras en voz alta.

Cuadro 2.5 La pluralización de sustantivos que acaban en vocal

No hay variación[2]	Sí hay variación
carta > cartas no *cartases	mamá > mamás, mamases
pierna > piernas no *piernases	papá > papás, papases
libro > libros no *libroses	bongó > bongós, bongoses
ojo > ojo no *ojoses	café > cafés, caféses
computadora > computadoras no *computadorases	jabalí > jabalíes, jabalíses

> **Actividad 2.6 Combinar una parte de la Regla 1 y una parte de la Regla 3 para formular la Regla 4 permite las formas plurales *mamases, papases, jabalises*, pero no permite *cartases, piernases*, etc.**

Regla 4: *Para formar el plural de las palabras que acaban en vocal, se agrega* _____. *A estas mismas palabras, si tienen el acento en* _____, *a veces se agrega* ___ *también.*

Entonces, hemos visto que algunos hablantes pluralizan los sustantivos de maneras diferentes. Como se detalló en el Capítulo 1, la **dialectología** es una rama de la lingüística que intenta delinear las zonas geográficas de diferentes rasgos lingüísticos. Por ejemplo, se ha observado que el uso de los plurales como *cafeses* es bastante extendido en la República Dominicana. Bullock y Toribio (2009) encuentran los siguientes ejemplos (7–10) en la región rural que se llama el Cibao en el norte del país.

7. Yo no voy a los cabareses (< sg. cabarét).
8. Esos son yreifruses [sic] (<sg. greifrú) y las toronjas son otra variedad.
9. Los pavos se conocen de a un lejos [sic], los cucuses (< sg. cucú) usted los conoce de lejos.
10. Los barrancolises (< sg. barrancolí), las ciguas, ello hay algunos pájaros que son así de grande.

(DM14, 10)

También se ha documentado este fenómeno fuera de la República Dominicana. Por ejemplo, García Mouton y Moreno Fernández (2003) llevaron a cabo un proyecto de un atlas lingüístico en la región Castilla-La Mancha de España a base de más de tres mil preguntas sobre el español. Se presenta a continuación un mapa que indica la pronunciación del sustantivo *café* y su forma plural. Se encontraron cinco instancias de *cafeses* en Castilla-La Mancha, dos en la provincia de Guadalajara y tres en la provincia de Ciudad Real.[3]

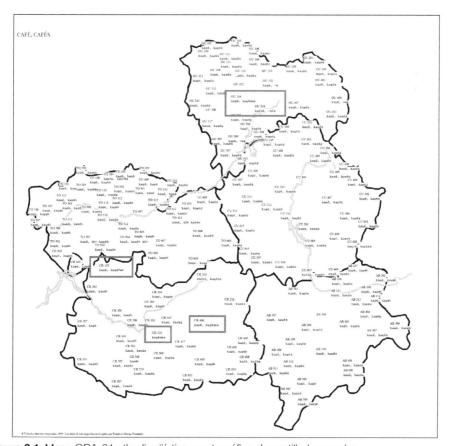

Figura 2.1 Mapa GRA-31 atlas lingüístico y entográfico de castilla-la mancha

García Mouton y Moreno Fernández (2003), Atlas Lingüístico (y etnográfico) de Castilla - La Mancha.

¿Cómo se valoriza este uso de la pluralización de los sustantivos? Lee el siguiente diálogo del libro "*Los fines del mundo*" del escritor peruano José Adolph y contesta las preguntas a continuación.

> – ¿*A mí cuándo se me enfriaban los pieses y las manos?* – *les comento.*
> – *No se dice* pieses, *papá* – *se ríe Amancio, mi hijo mayor, el que estaba estudiando zootecnia en la capital.*

1. ¿Qué forma del plural de *pie* usa Amancio?
2. ¿Qué reacción tuvo su hijo?
3. El narrador menciona que Amancio estudia en la capital. ¿Por qué es relevante esta información? ¿Qué tienen que ver sus estudios y dónde estudia con su preferencia lingüística?

En http://potowski.org/gramatica_variacion_enlaces_2 busca "Diccionario de dudas, café". Verás que se recomienda evitar la forma *cafeses*:

> "La forma plural de café es *cafés*. Es incorrecta y conviene evitar la forma *cafeses*, propia del lenguaje coloquial."

De manera parecida, La Real Academia Española (R.A.E.), en su página de Facebook, indica:

RAE Real Academia
June 28, 2013 · 🌐

¿Cómo se dice en plural "cafeses o cafés"? Lo correcto es "cafés".

Conversa con un/a compañero/a:

1. ¿Quién decide qué forma – *cafeses* o *cafés* – tiene más prestigio? ¿Por qué dicen que *cafés* es "correcto"?
2. Muchas veces, la gente cree que el habla coloquial o informal es "más sencilla" que el habla formal. Pero ¿qué forma es más sencilla, *cafeses* o *cafés*? Piensa en las reglas 1 y 4 para formular tu respuesta.
3. Busca una definición de la palabra *clasismo*. ¿Crees que el clasismo se manifiesta en el prejuicio contra las formas como *cafeses*? ¿Qué evidencia apoya tu conclusión?
4. Es común en muchas comunidades que algunas personas se burlen del habla de la gente más rural. Por ejemplo, Obediente Sosa (1993) documenta que en la Cordillera de Mérida en Venezuela, los jóvenes se burlan del habla considerada "más campesina". Entrevista a algunos hispanohablantes criados en Latinoamérica y pregúntales cuál es un lugar muy rural de su país y cómo hablan en esa zona. ¿El habla de esa zona goza de prestigio o sufre de desdén?

5. Se ha documentado una pobreza muy extendida en muchas zonas rurales de América Latina (Faiguenbaum et al., 2013). ¿Crees que el prejuicio contra el habla de la gente rural está conectado con el clasismo?

El género de los sustantivos

Además de número, los sustantivos tienen **género.** Los géneros gramaticales son femenino o masculino. Los sustantivos pueden aparecer con *el* o *la*, y estas palabras se llaman **artículos definidos**. El artículo *el* (sin acento sobre la *e*) es el artículo definido masculino, y el artículo *la* es el artículo definido femenino.

Actividad 2.7 En el Cuadro 2.6, escribe *el* o *la* antes de cada sustantivo según cómo te suena. Por ejemplo, probablemente te suena mejor *el ojo* que *la ojo*, así que escribirías *el* antes de *ojo*. Después llena los espacios en la Regla 5.

Cuadro 2.6 los artículos definidos de los sustantivos

Artículo definido: *el* o *la*	Sustantivo
el	ojo
	libro
	brazo
	cuchillo
	botella
	computadora
	alfombra
	cabeza

Tomando en cuenta estos ejemplos, completa la Regla 5:

Regla 5: *Se coloca el artículo definido □ masculino □ femenino . . . antes de los sustantivos que acaban en* _____, *y se coloca el artículo definido □ masculino □ femenino . . . antes de los sustantivos que acaban en* _____.

Algunos sustantivos como *la mano* no siguen esta regla. ¿Puedes ofrecer otros ejemplos? Si quieres, busca "sustantivos femeninos terminados en o".

¿Cuáles son los artículos definidos plurales en español? Miremos la Actividad 2.8.

Actividad 2.8 Llena los espacios en la columna marcada "plural" del Cuadro 2.7 para mostrar cuáles son los artículos definidos plurales y llena los espacios en los enunciados a continuación.

Cuadro 2.7 artículos definidos plurales

Singular	Plural
No metas **el dedo** en **el ojo**	No metas ___ **dedos** en _____ **ojos**.
Esa chica tiene un tatuaje en **el brazo** izquierdo.	Voy a ponerme una camisa de manga larga para cubrirme ___ **brazos**.
Ponte **la camisa** azul.	Me gustan _____ camisas rojas.
Me duele **la pierna** derecha.	Después de caminar en el monte por muchas horas, me duelen _____ **piernas**.

El artículo definido masculino plural es _____
El artículo definido femenino plural es _____

Sin embargo, hay algunas palabras que son gramaticalmente femeninos pero en su forma singular aparecen con el artículo definido *el*. Miren los ejemplos en el Cuadro 2.8.

Mirando esta lista, a lo mejor deduces así: "los sustantivos que empiezan con la letra *a* llevan el artículo definido *el*". Pero fíjate en los ejemplos del Cuadro 2.9 que también empiezan con la letra *a* pero que llevan el artículo definido femenino *la* y no el artículo definido *el*:

Cuadro 2.8 sustantivos femeninos que llevan el artículo definido singular masculino *él*

singular	plural
el agua	las aguas
el águila	las águilas
el arma	las armas
el alma	las almas

Cuadro 2.9 sustantivos femeninos que empiezan con *a-* y llevan el artículo definido singular *la*

singular	plural
la ardilla	las ardillas
la abeja	las abejas
la almohada	las almohadas
la alpaca	las alpacas

Actividad 2.9 ¿Por qué se sustituye *la* por *el* en el Cuadro 2.8, pero no en el Cuadro 2.9? Pista: Lee todas las palabras en voz alta. ¿Notas una diferencia en su pronunciación? Una vez que hayas descubierto la razón por la cual surge *el agua*, ofrece una razón por la cual algunas personas dirían *la agua* en vez de *el agua*.

El género de los sustantivos que acaban en consonante

Cuando los sustantivos acaban en una consonante, puede resultar difícil saber cuál es su género gramatical, ya que no se puede aplicar la regla general *o = masculino, a = femenino*. Sin embargo, existen algunas tendencias.

Actividad 2.10 Escribe *el* o *la* antes de los sustantivos en el Cuadro 2.10 y después apunta las tendencias que observas.

Cuadro 2.10 el género de sustantivos que acaban en *-d, -l, -r*

Artículo definido: *el* o *la*	Sustantivo
la	verdad
	libertad
	virtud
	corral
	árbol
	sol
	amor
	temor
	borrador

En un estudio de un diccionario de la lengua española, Teschner y Russell (1984) calcularon el porcentaje de sustantivos masculinos y el porcentaje de sustantivos femeninos, según el último sonido de la palabra:

- el 98% de los sustantivos que acaban en – *d* son femeninos
- el 98% de los que acaban en – *l* son masculinos
- el 99% de los que acaban en – *r* son masculinos

Sin embargo, el género de los sustantivos que acaban en – *n* o en – *s* es menos predecible: (ver Cuadro 2.11).

Cuadro 2.11 el género de los sustantivos según su terminación (Techner y Russell, 1984)

El sustantivo acaba en:	Es masculino . . .	Es femenino . . .
-d	2%	98%
-l	98%	2%
-r	99%	1%
-n	48%	52%
-s	43%	57%

Actividad 2.11 Indica si tú dices *el* o *la* antes de cada sustantivo a continuación. Después, pregúntales a dos companeros cómo las dirían.

	Cómo lo digo yo	Cómo lo dice mi compañero #1	Cómo lo dice mi compañero #2
agua	☐ el ☐ la	☐ el ☐ la	☐ el ☐ la
azúcar	☐ el ☐ la	☐ el ☐ la	☐ el ☐ la
calor	☐ el ☐ la	☐ el ☐ la	☐ el ☐ la

Ahora lee los ejemplos (11) – (13) a continuación y fíjate en los artículos definidos que usaron estos hablantes.

(11a)   Como, por ejemplo, se iba **el agua.** Se iba **el agua**, y uno aquí acostumbrado tener agua siempre, agua caliente también, porque ellos viven en la sierra y casi no tenían agua caliente y para obtener agua caliente tenían que . . . no sé. Ni sé. Hacer algo con la electricidad, y era una cosa que se tenía que bañar en dos segundos y . . . porque no había **la agua** caliente, entonces cosas así no . . . [O-Z]

(11b)   Yo quisiera tener una vacación al lado de un lago. Tener un una cabaña . . . que uno camina unos pies, y que ahí está **la agua**, el lago, un botecito que uno pueda salir y entrar otra vez. Que **la agua** está ahí como esa casa que cuando uno sale un parece que está en **la agua**. [O-Z]

(12a)   . . . tiene que colocar como **el azúcar**, la sal, todo eso [O-Z]

(12b)   sabe cómo lo hacíanos nosotros cuando teníanos ganas de comer y tenía – viníanos y echábanos lechi. . . . . y luego le echábanos **la azúcar**. [NMCOSS]

(12c)   yo no sé cómo la llamarás, sopa, sopa es del pan tosta'o, el pan tosta'o, y luego la van poniendo una tandadita de pan y otra de queso y pasas y especias como canela ansina hasta que la van haciendo y luego tuestan la harina y **la azúcar**. [NMCOSS]

(13a)   E: ¿Qué . . . qué te hace falta de tu país? ¿Qué tú sientes que te hace falta de Cuba?

I: Solamente me falta **el calor** y también la familia [O-Z]

(13b)   Si no se puede de doctor, de enfermera, secretaria pues aunque un trabajo más o menos que no esté ni tanto en el frío, ni tanto en **la calor** verdad. [WA-MT]

La Real Academia Española (La *R.A.E.*) tiene algo que se llama el "Banco de datos en línea. Corpus de Referencia del Español Actual" donde puedes buscar ejemplos auténticos adicionales de cómo habla y escribe la gente.

Actividad 2.12 En http://potowski.org/gramatica_variacion_enlaces_2 busca "Corpus del Español Actual (CREA)." Sigue las instrucciones a continuación para generar una lista de ejemplos de *la sartén* y de *el sartén*.

Esta debe ser la primera página que ves:

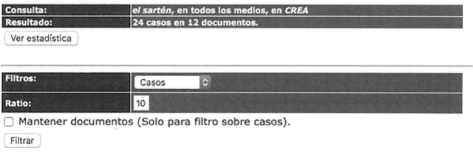

En el espacio "consulta", escribe *el sartén* y aprieta el botón "buscar". El resultado debe verse así:

Ahora, para ver los ejemplos, aprieta el botón *Recuperar* debajo de *Obtención de ejemplos*. El resultado debe verse así:

Apunta algunos ejemplos de esta lista. Después, sigue los mismos pasos para *la sartén*. Comparte tus ejemplos con tus compañeros. ¿Notan alguna tendencia geográfica? Es decir, ¿dónde se suele decir *el sartén* y dónde se suele decir *la sartén*?

Las tendencias del género anotados por Teschner y Russell que vimos en el Cuadro 2.11 no explican la variación entre *el azúcar* ~ *la azúcar* ya que el 99% de los sustantivos que acaban en – r son masculinos. Por lo tanto, esperaríamos que los hablantes no tendrían mucha duda en cuanto a estos sustantivos. Rini (2014) nos ofrece otra explicación por la variación *el* ~ *la azúcar*. Según esta explicación, algunos hablantes asocian *el azúcar* con otras palabras cuyo significado se relacionan con azúcar, como:

> *la caña, las especias, la sal, la pimienta, la canela, la harina, la manteca, la miel*

Esta investigación muestra que la palabra *azúcar* aparece junta con estas otras palabras con frecuencia. Concluye el autor que a veces la gente transfiere el género de estas palabras relacionadas a la palabra *azúcar*. Hoy en día *el azúcar* es más común que *la azúcar*, y todavía no entendemos muy bien los factores que determinan por qué una comunidad adopta *el azúcar* y otra usa *la azúcar*. Si te interesa este tema, busca más en el *Corpus del español* (www.corpusdelespanol.org/web-dial/). Compara los ejemplos de *el azúcar* con *la azúcar*. ¿Dónde se usa cada uno? También puedes mirar el mapa creado por García Mouton y Moreno Fernández (2003) en el proyecto del atlas lingüístico de Castilla-La Mancha mencionado antes. Otra vez ve a los mapas sobre la gramática y busca los que muestran la variación del género. Encontrarás el Mapa GRA-5 Azúcar. ¿Se usa mucho la versión femenina en Castilla-La Mancha?

Sustantivos humanos y su género

La última parte de esta sección explora el género de los sustantivos que se refieren a los seres humanos. Este tema ha recibido mucha atención por sus ramificaciones sociopolíticas. Muchas palabras que se refieren a los seres humanos experimentan un cambio de *desinencia*, es decir, la parte final de la palabra, según el género del referente:

el niño/la niña, el maestro/la maestra, el profesor/la profesora

Sin embargo, algunas palabras no varían de esta manera. Por ejemplo, no se suele cambiar la última vocal en estas palabras:

el atleta/la atleta, el miembro/la miembro

Es decir, se usa *el miembro* para referirse a un hombre y *la miembro* para referirse a una mujer. Pero algunas personas creen que estos usos son sexistas ya que no hay forma femenina. Se presentó un ejemplo famoso en el año 2008. La política española Bibiana Aído, dirigiéndose al Congreso Nacional, dijo lo siguiente:

crédito de imagen: UNED - https://www.flickr.com/photos/uned/4723368615/

"Los miembros y las miembras de esta comisión. . . "

Posteriormente se desató un debate. Por un lado, algunos como el escritor español Juan Manuel de Prada argumentaban que la única palabra admisible es *miembro* y que no se debe intentar cambiar el idioma. La Real Academia Española mostró acuerdo con esta opinión y afirmó que *miembra* no es una palabra 'correcta' y hay que decir *miembro*. Por otro lado, gente como la filóloga Eulalia Lledó argumentó que el idioma siempre está en un proceso de cambio y que se ha adoptado nuevas formas femeninas de palabras en el pasado, como *presidenta*, *médica* y *abogada*. En el pasado *abogada* significaba la mujer del abogado, pero hoy en día se usa más *abogada* que *abogado* para referirse a la mujer licenciada en derecho (De Vreese, 2010–2011). Por supuesto el cambio de significado y el aumento del uso de la palabra *abogada* coinciden con un cambio social: antes no había mujeres licenciadas en derecho, pero ahora hay muchas.

Otro ejemplo de este tipo de cambio social se nota con la palabra *jefa*. Como vemos en la Figura 2.2, no se usaba *jefa* antes del Siglo XIX. Durante el Siglo XX hubo un aumento de uso de este vocablo.

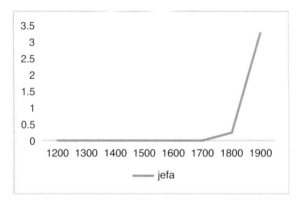

Figura 2.2 La frecuencia* de *jefa* tras los años (Fuente: Corpus de Español, corpus histórico)

*frecuencia normalizada (frecuencia por millón de palabras)

Al saber que se han adoptado las palabras *jefa* y *abogada*, ¿piensas que sería posible que la gente adopte *miembra* en el futuro? ¿Piensas que se debe insistir en adoptar *miembra*?

El masculino genérico

Otro fenómeno que ha sido tema de mucho debate es el uso de lo que se llama *el masculino genérico*, el uso del masculino para referirse a un grupo de personas que pueda incluir tanto mujeres como hombres. Por ejemplo, una profesora le podría decir estas tres oraciones a sus clases:

Estudiantes, solo mujeres:	"Todas las alumnas de esta clase son buenas".
Estudiantes, solo hombres:	"Todos los alumnos de esta clase son buenos".
Estudiantes, mujeres y hombres:	"Todos los alumnos de esta clase son buenos".

Las palabras *todos* y *alumnos* tienen la desinencia masculina – *o*, pero se supone que incluye a alumnos hombres y alumnas mujeres. Algunas personas alegan que este lenguaje no es inclusivo. Por ejemplo, Cristina Fernández de Kirchner, Presidenta de Argentina entre 2007 y 2015, se dirigía a las audiencias diciendo, "Muy buenos días todos y todas", "Muchas gracias todos y todas," y "Señores jefes y jefas del Estado".[4]

La Real Academia Española (R.A.E.), sin embargo, ha reaccionado en contra de este uso de lenguaje inclusivo.[5] En su página web, aclaran:

> ### Los ciudadanos y las ciudadanas, los niños y las niñas
>
> Este tipo de desdoblamientos son artificiosos e innecesarios desde el punto de vista lingüístico. En los sustantivos que designan seres animados existe la posibilidad del uso genérico del masculino para designar la clase, es decir, a todos los individuos de la especie, sin distinción de sexos: *Todos los ciudadanos mayores de edad tienen derecho a voto.*

Aunque la R.A.E. insiste que debemos usar el masculino genérico, muchos hablantes siguen incómodos con el lenguaje no inclusivo e insisten, como lo hacía Fernández de Kirchner, en los usos 'dobles'. De modo parecido, un tuit (*tweet*) interesante de parte de "La Hipogrifa" dice:

Photo by Hanson Lu on Upsplash

"No hace falta 'médica' porque 'médico' ya engloba a ambos sexos, pero hace falta 'azafato' porque llamarles 'azafata' [a los hombres] ofende su masculinidad".

Un argumento a favor del uso del masculino genérico es que los hispanohablantes piensan tanto en las mujeres como en los hombres ante la palabra *todos* (Guerra & Orbea, 2015). Sin embargo, algunas investigaciones de psicología experimental muestran lo contrario: usar el masculino genérico evoca imágenes de hombres más que de hombres y mujeres (Hamilton 1988; Hamilton, 1991; Silveira, 1980; Stahlberg et al., 2007). Por ejemplo, en Hamilton (1988) un grupo de estudiantes universitarios en California respondieron de maneras diferentes a las oraciones siguientes:

(a) Everyone should be sure to pick up his coat on the way out.
(b) Everyone should be sure to pick up his or her coat on the way out.
(c) Everyone should be sure to pick up their coat on the way out.

Reaccionando a la versión (a), los estudiantes dijeron más frecuentemente imaginarse a un hombre, mientras que respondiendo a las versiones (b) y (c) había más mujeres entre los protagonistas imaginados. Entonces es razonable extrapolar – aunque hace falta investigación empírica en español – que ante una palabra como "los policías" o "los médicos", la gente piense más en solo hombres que en un grupo de mujeres y hombres.

Otros usos que se están empezando a usar incluyen la arroba @ y la letra *-x* para referirse a los seres humanos. La arroba se entiende como una combinación visual de la *-a* y la *-o* y la idea es que presenta una opción neutra en cuestiones de género; incluye tanto el morfema femenino como el masculino. En voz alta, se pronuncia como diptongo, bien como [ao] o como [oa]. Pronuncia en voz alta las palabras siguientes (en español y en inglés) de las dos maneras.

l@s latin@s   Chican@ studies   l@s alumn@s

Hay quienes critican el uso de @ porque, al fin y al cabo, sigue tratándose de una reificación del concepto de género como **binario**. Es decir, asume que solo existen mujeres "-a" y hombres "-o". Además, pronunciarlo "oa" pone el morfema masculino antes que el femenino, que podría interpretarse como desigual.

Otra desinencia que ha aparecido es la *-x*, pronunciado [eks]. Pronuncia en voz alta las palabras siguientes (en español y en inglés) de las dos maneras.

lxs latinxs   Chicanx studies   lxs alumnxs

Actividad 2.13 Busca en este sitio web http://potowski.org/gramatica_variacion_enlaces_2 las siguientes fuentes de información sobre las propuestas de usar a o -x en vez de -o, -a para referirse a los seres humanos. Después, escribe un resumen del podcast y del artículo y ofrece tu opinión sobre las propuestas de evitar el masculino genérico.

a. El podcast de LatinoUSA "Latinx: The ungendering of the Spanish language"
b. "To be or not to be Latinx: For some Hispanics, that is the question" (en el sitio nbcnews.com)

Otras páginas de interés que puedes buscar:

"Why People Are Using the Term 'Latinx'
"Writer Jack Qu'emi explains the meaning of 'Latinx'"
"What's in an "x"? An Exchange about the Politics of "Latinx"

Si la terminación *-x* cobra uso, habrá que decidir otras cuestiones gramaticales.[6] Por ejemplo, ya vimos que los artículos (*los, las, unos, unas*) concuerdan con el sustantivo a que se refieren. También lo hacen los adjetivos, que son palabras que describen los sustantivos. Si un sustantivo humano es masculino, el adjetivo también lo sería: *alto* en vez de *alta*. Al tener en cuenta esta concordancia, ¿cómo se dirán los conceptos siguientes si adoptamos la desinencia *-x*?

Versión tradicional con *-o genérico*	Versión no binaria con *-x*
Los alumnos estudiosos	*lxs alumnxs estudiosxs*
Los papás involucrados	
Los chicos ruidosos	

2.3 Los pronombres sujeto

Un pronombre es una palabra que reemplaza un sustantivo para evitar la redundancia. En el ejemplo (14a) se repite *la profesora* dos veces, mientras que en (14b) reemplazamos la segunda mención con un pronombre.

(14a)   *La profesora empezó la clase.* **La profesora** *nos enseñó varios temas de la gramática.*
(14b)   *La profesora empezó la clase.* **Ella** *nos enseñó varios temas de la gramática.*

En el ejemplo (14b), el pronombre *ella* se llama un *pronombre sujeto*. Los pronombres sujeto más comunes en español se encuentran en el Cuadro 2.12. Verás que todos tienen persona (primera, segunda o tercera) y número (singular o plural).

Cuadro 2.12 Pronombres sujeto

Persona	Número	
	Singular	Plural
Primera	Yo	nosotros; nosotras
Segunda persona	tú; usted; vos*	ustedes; vosotros; vosotras**
Tercera	ella; él	ellas; ellos

* Se usa *vos* en muchos países de Latinoamérica. Volveremos a estudiar más sobre este pronombre.
**Se usa *vosotros* únicamente en España, por ej. *Vosotros estudiáis mucho.* Nota que *vosotros ≠ vos*.

Actividad 2.14 ¿Cuáles son los equivalentes pronombres sujeto en inglés?

yo = _____   tú/vos/usted = _____   ella = _____   él = _____
nosotros/as = _____   ellos/as = _____   ustedes = _____   vosotras/os = _____

Los pronombres sujetos concuerdan con las conjugaciones verbales; representan el *sujeto gramatical* de una oración. Aclaremos lo que es un *sujeto gramatical*. Para poder identificar los sujetos, nos fijamos en las desinencias (terminaciones) de los verbos. Por ejemplo, considera esta oración:

Juegan en el parque.

El verbo es *juegan*. La desinencia es *-an*. Esta desinencia corresponde con la tercera persona plural: *ellos, ellas* o *ustedes*. Entonces el sujeto gramatical de esta oración es *ellos, ellas* o *ustedes*, que es la tercera persona plural. Cualquiera de estos tres pronombres sujeto, entonces, podría ser el sujeto gramatical de *Juegan en el parque*.

Actividad 2.15 Usando las 10 oraciones a continuación, llena el Cuadro 2.13 con el verbo, la desinencia del verbo, el pronombre sujeto correspondiente y su persona y número. Usamos como ejemplo *Juegan en el parque*.

1. Juegan en el parque.
2. Íbamos al cine.
3. Bailé con mis amigos.
4. Tal vez vean la película mañana.

5. ¿Por qué habías pensado eso?
6. ¿Si comiéramos con ellos?
7. Lo escribirás lentamente.
8. Sin que hayan descubierto nada.
9. Tengo hambre.
10. Por fin ya acabó la película.

Cuadro 2.13

Verbo	Desinencia	Persona y número	Pronombre(s) sujeto posibles
1. juegan	*-an*	Tercera plural	ellos, ellas, ustedes
2.			
3.			
4.			
5.			
6.			
7.			
8.			
9.			
10.			

Lo más probable es que hayas escrito que ningún pronombre sujeto puede reemplazar *una película* en el ejemplo 10, ya que no se suele decir *ella acabó* para referirse a *una película*. Entonces, en los ejemplos 1–9 usamos un pronombre sujeto, mientras en 10 no es común. ¿Notas una diferencia entre los sujetos en 1–9 y el de 10? Teniendo esa diferencia en cuenta, se puede llegar a la siguiente generalización sobre los pronombres sujeto:

En general, los pronombres sujetos reemplazan a los sustantivos que se refieren a _____. Abajo veremos que hay excepciones.

Ahora que hemos aclarado lo que es un pronombre sujeto, consideremos otro elemento relevante. En algunas lenguas como el inglés y el francés, casi siempre es obligatorio expresar el pronombre sujeto con su verbo conjugado. Sin embargo, el español es una lengua que permite la **omisión** del pronombre sujeto. Miren los ejemplos en el Cuadro 2.14.

Cuadro 2.14 Ejemplos de la (no) expresión del pronombre sujeto

	inglés	francés	español
Frecuente: Con pronombre sujeto	I will go to the store.	J'irai au magasin.	Yo iré a la tienda.
Frecuente: Sin pronombre sujeto			Iré a la tienda.
Poco frecuente: Sin pronombre sujeto	*Will go to the store.	*Irai au magasin.	

Es decir, en términos generales, el español permite usar o no usar (incluir u omitir) el pronombre sujeto.

Ahora compararemos algunos ejemplos.

Actividad 2.16

a. Mira los ejemplos 15–17, producidos por hablantes mexicanos. Para cada verbo que aparece en negritas, indica su persona y número y el pronombre de sujeto correspondiente en el cuadro a continuación. En la última columna, indica si se expresa el pronombre sujeto o no.

b. Después haz lo mismo con los ejemplos 18–20, producidos por dominicanos.

Ejemplos mexicanos

15. Actualmente **tengo** dos trabajos este, en la mañana **estoy trabajando** en un restaurante, el dueño es un griego. **Trabajo** ayudando en la cocina, haciendo delivers, y en la tarde **tengo** otro empleo que es de de limpieza, de limpiando oficinas. [O-Z]

16. Sí, no, vamos eh, siempre te digo vamos a estar con ese estereotipo no, de que **eres** mexicano no, **eres** este, primero que **eres** extranjero no, el segundo que **eres** mexicano, después que pues la mayoría pues es, **tengas** papeles o no siempre te van a ver como alguien diferente. [O-Z]

17. Me gustan [las películas] un chorro y me interesa más que nada el cine alternativo, o sea, el cine experimental, filmes independientes y . . . **quiero** llevar a mi novio! Porque **él es** muy Hollywood Production. O sea, sí **es** bueno porque **escoge** muy buenas películas, **tiene** buen gusto. [O-Z]

Ejemplo	Verbo	Persona y número	Pronombre sujeto	¿Está expresado u omitido?
15.	a. tengo	primera singular	yo	omitido
	b. estoy trabajando			
	c. trabajo			
16.	a. eres (4x)			
	b. tengas			
17.	a. quiero			
	b. es			
	c. es			
	c. escoge			
	d. tiene			

Ahora, compara los ejemplos mexicanos con los ejemplos 18–20, producidos por hablantes dominicanos a continuación.

Ejemplos dominicanos

18. **Yo digo** que gracias a Dios **yo pasé** a mi segundo nivel, pero donde **yo estaba yo decía** que era un atlas: Un mapamundi porque habíamos de todas las naciones [O-Z]

19. Si el profesor te da mucho apoyo y te entiende, **tú sabes**, . . . No como hay algunos que dan la clase, **tú** lo **coges** y **tú sales**, cuando **tú escribes** así en un idioma son flexibles, y también por lo que **yo** te **dije**, si **tú quieres** [tener éxito], **tú tienes** que sacrificarte. [O-Z]

20. Eh . . . cuando él . . . cuando . . . cuando mi mujer estaba . . . estaba preñada . . . **ella quería** darle un nombre a una niña si era una niña y **yo le iba** a dar el nombre al hi . . . niño, y **ella dijo** un nombre durante el tiempo que **ella estaba** embarazada. [O-Z]

Ejemplo	Verbo	Persona y número	Pronombre sujeto	¿Está expresado u omitido?
18.	a. digo	primera singular	yo	expresado
	b. pasé			
	c. estaba			
	d. decía			
19.	a. sabes			
	b. coges			
	c. sales			
	d. escribes			
	e. dije			
	f. quieres			
	g. tienes			
20.	a. quería			
	b. iba			
	c. dijo			
	c. estaba			

¿Quiénes usan más pronombres sujetos, los mexicanos o los dominicanos? ¿Cuáles de los ejemplos son más parecidos a como tú hablas? De ser posible, pregúntale a una o más personas dominicanas: ¿tienen las mismas preferencias?

Los lingüistas han determinado en qué contextos es más común usar y omitir los pronombres sujetos. Por ejemplo:

- Es más común expresar los pronombres singulares (*yo, tú, el, ella, usted*) que los plurales (*nosotros, nosotras, ellos, ellas, ustedes*). Para conocer más sobre este tema, consúltese Carvalho et al. (2015).
- En el caribe el uso de los pronombres sujeto es mucho mayor que en otros lugares hispanohablantes (Otheguy & Zentella, 2012). Para explorar por qué es así, hemos copiado el ejemplo (19) dominicano de antes, aquí en (19a), pero esta vez mostramos la pronunciación de los verbos en negritas.

19a. Si el profesor te da mucho apoyo y te entiende, **tú sabe**, . . . No como hay algunos que dan la clase, **tú** lo **cogeh** y **tú sale**, cuando **tú escribes** así en un idioma son flexibles, y también por lo que **yo** te **dije**, si **tú quiere** [tener éxito], **tú tiene** que sacrificarte. (O-Z)

Actividad 2.17 De estos verbos del Ejemplo 19a, escribe cómo tú los pronunciarías y también cómo se escriben según la ortografía estándar.

Ejemplo	Cómo lo pronunciaría yo	La ortografía estándar
1. tú sabe	[depende: sabe/sabeh/sabes]	sabes
2. tú cogeh		
3. tú sale		
4. tú escribes		
5. tú quiere		
6. tú tiene		

Habrás notado que en el ejemplo (19a), la persona dominicana muchas veces no pronuncia la -s al final de una palabra. Pero fíjate que cuando dijo *escribes* sí la dijo. Esto muestra que la pronunciación de la -s final de palabra (y de hecho, final de sílaba) es variable. A veces sí se pronuncia y a veces no.

Se ha notado que los hispanohablantes caribeños (dominicanos, puertorriqueños, cubanos y los que viven en las costas de Venezuela, Colombia y otros lugares) suelen omitir la -s final de sílaba más a menudo que los hispanohablantes que no son del caribe. Como viste en los ejemplos (15) – (20), también producen más pronombres sujeto. Algunos lingüistas creen que hay una conexión entre estos fenómenos: entre menos se pronuncia la -s, más pronombres sujeto usan. Si es así, ¿a qué se podría deber? Pista: Piensa en las terminaciones verbales de la segunda y tercera personas singulares. ¿Qué pasa si no se pronuncia la -s final? ¿Cómo suenan estas dos oraciones si las dice una persona que regularmente omite la -s a final de las palabras?

(a) Vas conmigo a la tienda.
(b) Va conmigo a la tienda.

En este libro nos fijamos en los rasgos de la gramática que varían y estudiamos cómo y por qué se valora una forma más que otra. Sin embargo, algunos fenómenos gramaticales se notan más que otros. ¿Qué fenómeno gramatical te llama más atención:

* La expresión/omisión del pronombre sujeto (*tú sabes* versus *sabes*)
* La pronunciación de la -s final de sílaba (*tú sabe* versus *tú sabes*)

En general la gente no presta atención al mayor uso de pronombres sujeto como *yo, tú,* etc., y por lo tanto este fenómeno no genera mucho desdén (Alba, 2009).

El pronombre *ello*

Si bien es cierto que la gente no suele prestar atención uso de los pronombres sujeto expresados, sí llama mucha atención un uso muy particular: el pronombre *ello. Ello* es un pronombre neutro – es decir ni masculino ni femenino. En la gramática generalizada del español, se usa *ello* para referirse a ideas u oraciones enteras. Considera el ejemplo 21, que proviene de la página de web llamada *elmistico.org* y que se encontró en el Corpus del Español.

21. "Determine con rapidez cuál es el nivel general de comprensión sobre la curación y el aura, a fin de establecer una base común para la comunicación. **Ello** tranquilizará al paciente y le permitirá a usted empezar su trabajo."

En este ejemplo, *ello* se refiere al hecho de "determinar con rapidez el nivel de comprensión del paciente". Es decir, este pronombre sujeto *no* se refiere a ninguna cosa concreta, sino a una idea o una oración completa. Entonces se expresa con el pronombre neutro *ello*. El uso de *ello* en ejemplos como (21) es un fenómeno muy extendido y aceptado en el español general.

Sin embargo, existe otro uso de *ello* en la República Dominicana. Considera los ejemplos 22 y 23 que encontraron Bullock y Toribio (2009) en la región rural llamada el Cibao:

22. Ello no está lloviendo aquí pero allá sí.
23. Ello parece que es los martes que traen [comida].

Actividad 2.18 Si conoces a algunas personas dominicanas, pregúntales qué opinan sobre los ejemplos (22) y (23) y si les parece que mucha gente los diría así.

En los ejemplos (22) y (23), el uso de *ello* se parece al *it* del inglés, ya que en inglés se diría <u>It</u> *isn't raining here* y <u>It</u> *seems that it is on Tuesdays that they bring [x]*. Se usa *it* en inglés en estos contextos porque en general no se puede omitir ningún sujeto en inglés (recuerda el Cuadro 2.14). Es decir, todos los verbos en inglés casi siempre necesitan un sujeto. Los verbos como *rain* o *snow* no tienen ningún actor que lleve a cabo la acción de llover o nevar, pero en inglés todavía necesitan un sujeto. Por eso, se agrega el sujeto *it*, que no se refiere a nadie ni a nada en concreto; *it* satisface la obligación de incluir un sujeto (se llama en inglés un "dummy it"). Parece que algunos dominicanos emplean *ello* en la misma manera en que se emplea *dummy it* en inglés. Este uso de *ello*, combinado con el mayor uso de pronombres expresados en general, indica que el español dominicano se está cambiando cada vez más a ser más como el inglés y el francés en el sentido de que se expresa el sujeto (Toribio, 2000).

El uso de *ello* en ejemplos como (22) y (23) llama la atención a muchos hablantes del español, incluso los mismos dominicanos. Como escribe Alba (2009), "El uso de *ello* frente al verbo impersonal arrastra una fuerte asociación con el habla popular, poco educada, y por eso no se admite dentro de la norma lingüística culta dominicana." En su libro, "*La Identidad Lingüística de los Dominicanos*", Alba describe la inseguridad que muchos dominicanos expresan sobre su propia manera de hablar. En una encuesta, el 62% de los dominicanos dijeron que estaban de acuerdo que "el español hablado por los dominicanos es peor que el de otros países, como España y Colombia" (ver la Figura 2.3 que viene de Alba, 2009: 69).

¿Por qué experimenta esta inseguridad lingüística mucha gente dominicana? De sus estudios, Alba (2009) concluye que:

" . . . no existen razones objetivas, lingüísticas, que fundamenten el sentimiento de inseguridad que experimentan muchos dominicanos. En otras palabras, el citado complejo de inferioridad no parece basarse en causas internas [a la lengua], sino en creencias motivadas . . . por realidades extralingüísticas, como pueden ser la falta de prestigio social . . . "

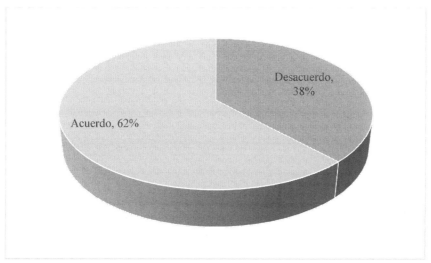

Figura 2.3 'El español hablado por los dominicanos es peor que el de otros países, como España y Colombia' (Alba 2009, p. 69)

Como mencionamos en el Capítulo 1, las variedades lingüísticas sufren de desprestigio cuando sus hablantes sufren de desprestigio. Entonces ¿será que los dominicanos experimentan una falta de prestigio social? Alba (2009) examina algunos textos de varios intelectuales dominicanos, demostrando que ha existido un discurso sumamente racista durante al menos más de un siglo, como se observa en estas dos citas:

> El escritor Federico García Godoy (1857–1924) "evalúa como un defecto la mezcla racial del dominicano, en la que hay sangre de europeo blanco, de procedencia social generalmente baja, y de etíope 'salvaje' con supersticiones 'fetichistas de sus selvas africanas'. Según él, esto arroja como resultado la conformación de una sociedad con inferioridad mental . . ."
>
> (Alba, 2009: 63).

> El ensayista e historiador Américo Lugo (1870–1952) "enfatiza la valoración racista en su concepción peyorativa del pueblo dominicano. Considera que la mezcla de sangre africana, el individualismo y la falta de cultura, hacen al pueblo dominicano poco apto para la actividad política. Por eso habría que recurrir a la inmigración de personas de raza blanca."
>
> (Alba, 2009: 63).

Se ve aquí claramente una conexión entre la inseguridad lingüística y el desprecio hacia los hablantes, en parte basado en cuestiones raciales. Algo parecido ocurre con el inglés afro-americano hablado en Estados Unidos. Recuerda que en el Capítulo 1 vimos que los experimentos de John Baugh revelaron que los afro-americanos sufren de discriminación lingüística. Para leer más sobre este tema, se puede consultar el trabajo de Alim et al. (2016).

LAS INTERROGATIVAS

El último aspecto de los pronombres sujeto tradicionales que miraremos tiene que ver con la formación de las *interrogativas*. Las interrogativas son preguntas, como estas:

a. ¿Cómo te llamas?
b. ¿Dónde dejaron el libro?
c. ¿Por qué llegaste tarde?
d. ¿Cuándo piensa venir?
e. ¿A quién le diste el dinero?

En los ejemplos a-e arriba, el pronombre sujeto no está expresado. Escríbelas de nuevo con sus pronombres sujeto expresos. El primero está hecho.

a. ¿Cómo te llamas tú?
b.
c.
d.
e.

Comparte tus respuestas con algunos compañeros de clase. ¿Todos contestaron igual?

Actividad 2.19 Ahora, lee el diálogo a continuación (del Corpus O-Z). En la columna A del cuadro, copia todas las preguntas que contiene. Deja la Columna B en blanco de momento.

ENRIQUE: Okay Noemí. Eh, ¿dónde . . . de dónde tú vienes?
NOEMÍ: De la capital, de Santo Domingo
ENRIQUE: ¿Cómo tú te llevabas con tus hermanas o hermanos?
NOEMÍ: Bueno, por lo menos con las hermanas mías, ellas no se criaron conmigo y eran mayores que yo, o sea nosotras no nos llevamos. Ni bien ni mal.
. . .
ENRIQUE: Mhm ¿qué . . . cómo tú dirías que está tu inglés?
NOEMÍ: Bueno, creo que está mejorando día con día.
. . .
ENRIQUE: Okay. Y tu español ¿Cómo tú consideras tu español?
NOEMÍ: Bueno, imagínate, dominicano al fin.
ENRIQUE: ¿Y cómo tú estás aprendiendo el español ahora tú dirías? ¿A través de qué, de la escuela, de la televisión?
NOEMÍ: ¿Cómo yo aprendo el español?
ENRIQUE: Perdón, no el español, el inglés
NOEMÍ: ¿Cómo lo estoy captando mejor?

Columna A	Columna B
1. Eh, ¿dónde . . . **de dónde tú vienes**?	
2.	
3.	
4.	
5.	
6.	
7.	
8.	

Fíjate en las preguntas 1–5 y el 7. ¿Se forman estas preguntas como tú las formarías, o te suenan algo diferentes?

_____ Suenan como yo las diría.
_____ Suenan diferentes a como yo las diría.

¿De qué otras maneras se podrían formar estas preguntas? En la Columna B, vuelve a escribir todas las preguntas que contienen un pronombre sujeto. Incluye otra vez los pronombres, pero esta vez escribe las preguntas de otra forma. Hay dos preguntas que aparecen sin pronombre sujeto. Deja esas preguntas como están sin cambiarlas.

Como notaste en la actividad anterior, hay diferentes maneras de formar las preguntas (las *interrogativas*) en español.

a. ¿De dónde <u>tú vienes</u>?
b. ¿De dónde <u>vienes tú</u>?

Para entender bien la diferencia entre (a) y (b), fijémonos el pronombre sujeto *tú*.

Actividad 2.20 Escribe una oración que describe la diferencia entre las maneras (a) y (b) de formular las preguntas siguientes. Usa la terminología *pronombre sujeto* y *verbo* en tu respuesta.

1. (a) ¿De dónde tú vienes?
   (b) ¿De dónde vienes tú?
2. (a) ¿Por qué ella quiere venir?
   (b) ¿Por qué quiere venir ella?
3. (a) ¿Cuándo yo te dije eso?
   (b) ¿Cuándo te dije yo eso?

La diferencia entre las tres versiones (a) y (b) es que:

¿Has escuchado preguntas formadas de esta manera? ¿Dónde?

¿Qué dicen las guías de gramática sobre cómo se forman las preguntas en español? Cuando escribimos este libro encontramos que en los libros de gramática escriben que las palabras interrogativas - *qué, quién, dónde, cuándo, cómo* - "van al principio de la pregunta. Las otras partes de la oración van después del verbo." (Alonso Raya et al., 2005: 217). Según Iguina & Dozier (2008: 95) "In questions beginning with the interrogative words [qué, cuándo, dónde, por qué, quién], . . . word order is inverted: the verb precedes the subject." Y de forma parecido, Chiquito (2012: 111), cuya portada del libro promete incluir el español hablado en España y América Latina, apunta: "In questions, the verb is usually placed before the subject." También encontramos una página de web donde escribieron que en las preguntas como (1) – (3) "se invierte el sujeto"[7] y otra página de web donde escribieron:

> *"When forming any kind of question in Spanish, remember that **the verb always comes before the subject** of the question. An example using an interrogative word would be the question "Who is she?" In Spanish it goes "¿Quién es ella?"*[8]

Afirmaciones como estas implícitamente hacen que la gramática del Caribe sea menos visible y aceptada que la de otros lugares.

Actividad 2.21 Busca dos libros y/o páginas web. En tu búsqueda en línea, puedes usar la frase "sujeto después del verbo en las interrogativas" o "verb before subject in Spanish interrogatives" o algo semejante. Reporta a la clase sobre las fuentes y citas que encuentras sobre este tema.

¿Qué grupos no invierten el sujeto y verbo en las preguntas?

Actividad 2.22 Fíjate en la letra de las canciones siguientes. Busca por Internet el lugar de origen de cada grupo (y si quieres, también escúchalas en Youtube). Si los artistas son de los Estados Unidos, busca el lugar de origen de su familia. ¿Qué tienen en común todos estos grupos en cuanto a su lugar de origen?

---

1. Artista: Gente de Zona Lugar de origen: _____
    Título: "¿Qué tú quieres?"

    ¿Qué tú quieres, mamita?
    ¿Qué tú quieres? (Vamos)
    ¿Estar conmigo, y que tu novio no se entere?
    (Eso No No No)

2. Artista: Nicky Jam Lugar de origen: _____
    Título: "¿Cómo tú te llamas?"

    ¿Cómo tú te llamas? No me sé tu nombre.
    Sé que eres bonita y yo quiero ser tu hombre.

3. Artista: Pitbull Lugar de origen: _____
    Título: "¿Qué tú sabes d'eso?"

    ¿Qué tú sabes de los viajes pa' abajo
    Pa' la Key Largo pa' recoger cien aparatos en un bote cigarro, ¿eh?

¿Qué tú sabes d'eso? ¿Qué tú sabes d'eso?
¿Qué tú sabes d'eso? ¡Tú no sabes d'eso!

4. Artista: Los Van Van Lugar de origen: _____
   Título: "¿Y qué tú crees?"

   Nunca creí que la vieja
   se pusiera en esos trajines
   de andar por cuatro musines
   al lado de su pareja.
   ¿Y qué tú crees? ¿Y qué tú crees? ¿Y qué tú crees?

Un colega de las autoras del presente libro, el lingüista puertorriqueño Luis A. Ortiz López, nos cuenta que un profesor argentino le dijo a una estudiante puertorriqueña suya que "no sabía formular preguntas". Ahora que entiendes sobre este tema, ¿qué respuesta le ofrecerías a ese profesor quien la criticó así?

Ahora, exploraremos un poco sobre las actitudes lingüísticas que existen sobre el español del Caribe. Lee las siguientes opiniones que encontramos en el internet:[9]

---

1. "Los países con influencia africana marcada tales como Cuba, Panamá, Puerto Rico y República Dominicana hablan mal."
2. "El acento de los países "caribeños" como República Dominicana o Cuba me parece horrible."
3. "Ahora dígame en Panamá, Cuba, Venezuela, Puerto Rico, República Dominicana . . . qué desastre de español."

¿Tiene esta gente una opinión favorable del español hablado en el Caribe? ¿Qué frases indican sus actitudes hacia el español caribeño?

¿A qué se deben estas actitudes negativas hacia el español caribeño? Consideremos la siguiente conversación, en la cual Alfaraz (2002: 7) entrevista a una señora en Miami. Ella y otros entrevistados comentan que el español que se habla en Cuba se empeoró después de la Revolución Cubana de 1959. Subraya las partes que quizás señalen una explicación por las actitudes negativas que tiene Manuela hacia el español hablado en Cuba después de la Revolución.

GABRIELA: Tú dices que en Cuba hablan muy anegrado (*black; black-like*), ¿cómo es eso?
MANUELA: Sí, anegrado en el sentido de las expresiones, de lo chabacano (*perezoso, vago*).
GABRIELA: Pero no en la pronunciación.
MANUELA: Sí, sí, todo, todo. La pronunciación, la tonalidad de la voz.
GABRIELA: ¿De qué vendrá eso? ¿Qué raíces tiene?
MANUELA: Las raíces que tiene son africanas. Porque en Cuba actualmente, o cuando yo salí, había una tendencia a lo africano.

Estos comentarios sugieren que existe una fuerte correlación entre lo africano y la estigmatización de la lengua española. Entonces debemos examinar el porcentaje de la población que se considera "negra" o "mezclada" en varios países. Miremos la Figura 2.4 y el Cuadro 2.15. También puedes ver el video en YouTube titulado "The slave trade in two minutes" (http://potowski.org/gramatica_variacion_enlaces_2).

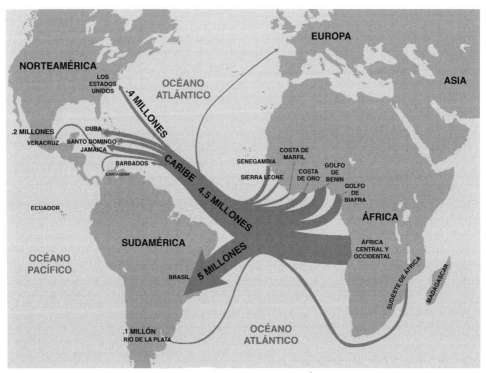

Figura 2.4 El número de personas esclavizadas traídos desde África durante los siglos 16, 17 y 18.

Fuente: Eltis & Richardson, ATLAS OF THE TRANSATLANTIC SLAVE TRADE (2010): Map 1 from accompanying web site: Overview of the slave trade out of Africa, 1500-1900 with information from Map 9: Volume and direction of the trans-Atlantic slave trade from all African to all American regions.

http://www.slavevoyages.org/tast/assessment/intro-maps.faces. Reprinted with permission from Yale University Press.

Cuadro 2.15 Porcentaje de la población nacional que se autodefine como *negro* o *negro y mezclado*.

País	Año censo	% "negro"	% "mezclado"	Total
Cuba	2012	10%	27%	37%
República Dominica	2010	11%	73%	84%
Puerto Rico	2010	8%	11%	19%[10]
Colombia (costa)	2005	11%	–	11%

Fuente: Censos de cada país

Como vimos en la entrevista hecha por Alfaraz (2002) en Cuba, dentro del mismo Caribe existe desprecio lingüístico hacia la gente con más apariencia africana. Esto también se ve en la investigación de Suárez Büdenbender (2010), quien entrevistó a dominicanos en Puerto Rico. Uno de sus entrevistados dijo:

"Porque es una manera como de . . . tratar con racismo a, a los dominicanos y una forma de desprecio al, a la manera . . . que la hablamos. Que lo hacen porque quizás porque se creen superiores en todo el uso casi de las palabras que son mejores hablantes del español que nosotros simplemente porque el acento es diferente y porque tenemos diferentes modismos de hablar."

Actividad 2.23 En http://potowski.org/gramatica_variacion_enlaces_2, busca el artículo "Racismo en Cuba: los negros que no quieren ser negros." Después comenta sobre un aspecto que te haya llamado la atención.

Foto de EFE tomada de Martí Noticias

Concluimos que hay una conexión entre las actitudes lingüísticas negativas y el racismo. Esto también se expresa en las siguientes citas sobre el uso del español de diferentes grupos de hispanos en Nueva York:

"Es interesante notar que los tres grupos del Caribe, es decir, los cubanos, puertorriqueños, y dominicanos, reportan que usan los dos idiomas – español e inglés – en privado en casa más a menudo que los centroamericanos y sudamericanos. Parece que este comportamiento se debe, en parte, a la estigmatización del español caribeño en los Estados Unidos, y a la discriminación más extendida que los hablantes caribeños experimentan (basada, por supuesto, en el lingüicismo y el racismo). Aunque todas las personas que entrevistamos dijeron que hablaban el español muy bien o bien, algunos de los cubanos, dominicanos, y puertorriqueños reportaron que su español no era tan bueno como el de sus amigos sudamericanos y centroamericanos."

(García et al., 1988: 497)

"Among the groups that we studied [Puerto Ricans, Cubans, Dominicans, Colombians], and in New York in general, Puerto Ricans and Dominicans are the poorest, the least educated, and the darkest Latinos in the city; they are discriminated against as individuals and as a group, and so is the variety of Spanish that they speak."

(Zentella, 1990: 1102).

2.4 El *voseo*

Como se ve en el Cuadro 2.16, hay varias maneras de traducir el pronombre sujeto *you* al español. Es muy probable que hayas visto todas estas formas anteriormente en los libros de gramática española menos una: *vos*, una variante de pronombre sujeto de la 2a persona singular.

Cuadro 2.16 Formas de 2a persona

Formalidad	Número	inglés	Español
amigos/conocidos	singular	*you*	tú; vos
	plural (para un grupo de amigos/conocidos)	*you (you all; y'all; youse)*	ustedes (Latinoamérica); vosotros/vosotras (España)
cortesía/respeto para una persona	singular	*you*	usted
	plural	*you (you all; y'all; youse)*	ustedes

¿Cuáles son las conjugaciones verbales del pronombre *vos*? En http://potowski.org/gramatica_variacion_enlaces_2, busca "El mate: Video of Marcelo Gigliardi" y lee el texto que lo acompaña. Fíjate en cómo pronuncia el hablante los verbos en negritas en los ejemplos 23–29. Después de cada verbo, pausa el video y repite en voz alta el verbo como él lo pronuncia.

23. . . . **traé** un mate.
24. ¿Y vos ahí le **pusiste** también cáscara de naranja?
25. . . . si vos **curás** un mate . . .
26. . . . y lo **empleás** siempre de amargo . . .
27. siempre lo **tenés** que tomar sin azúcar.
28. Sí, le **cambiás** el sabor.
29. ¿Vos **tomás** mate?

> **Actividad 2.24** En el cuadro a continuación, para cada verbo en la forma *vos*, escoge entre el presente simple, el pretérito (pasado simple), y el imperativo (mandato). Después, escribe la forma verbal que corresponde al pronombre *tú*. Por ejemplo, se diría *trae [tú] un mate* en vez de *traé [vos] un mate*. Por último, contesta las preguntas.

vos[11]	Tiempo verbal	tú
traé	☒ imperativo ☐ presente simple ☐ pretérito	trae
pusiste	☐ imperativo ☐ presente simple ☐ pretérito	
curás	☐ imperativo ☐ presente simple ☐ pretérito	
empleás	☐ imperativo ☐ presente simple ☐ pretérito	
tenés	☐ imperativo ☐ presente simple ☐ pretérito	
cambiás	☐ imperativo ☐ presente simple ☐ pretérito	
tomás	☐ imperativo ☐ presente simple ☐ pretérito	

1. ¿En qué formas hay una diferencia entre la forma *vos* y la forma *tú*?

   ☐ imperativo   ☐ presente simple   ☐ pretérito

2. Haz unas predicciones: ¿crees que habrá también diferencias entre la forma *vos* y la forma *tú* en los tiempos verbales siguientes?

   ☐ el presente del subjuntivo   ☐ el imperfecto   ☐ el condicional

   Ahora, averigua si tus predicciones son correctas.

Actividad 2.25 En http://potowski.org/gramatica_variacion_enlaces_2, verás algunas páginas que ofrecen conjugaciones verbales y que incluyen el *voseo*. Compara las formas verbales con *tú* y con *vos*. Usando los verbos a continuación, anota las formas que corresponden a *vos*.

tú	*vos*	Tiempo verbal
vayas	(dos opciones)	Presente del subjuntivo
comías		Imperfecto
estudiarías		Condicional
no pienses	(dos opciones)	Imperativo negativo

Para resumir, las conjugaciones verbales que concuerdan con el pronombre sujeto *vos* son iguales a las de *tú* en todos los tiempos verbales menos el presente simple, el imperativo y para algunos hablantes el presente del subjuntivo.

¿De dónde viene la forma *vos*? La respuesta tiene que ver con la historia de los pronombres *tú*, *vos* y *vosotros*. En la lengua latín, se usaba el pronombre *tú* para referirse a una persona, mientras *vos* era el pronombre plural para dirigirse a un grupo de personas. Poco a poco se empezó a usar el *vos* para dirigirse a sólo una persona, y en el Siglo XV en España, había dos pronombres que ocupaban la misma función; el *tú* y el *vos* se encontraron **en competición** para ser el pronombre de segunda persona singular. Cuando el *vos* empezó a referirse a la 2ª persona singular y no plural, faltaba una manera para referirse a un grupo de personas (2ª persona plural). Entonces se creó un nuevo pronombre *vosotros* para hablar a un grupo de personas. Se creó este nuevo pronombre combinando el *vos* + *otros*. Esta fue la situación en el español medieval, alrededor del Siglo XV:

	español medieval (~Siglo XV)
Singular	tú ~ vos
Plural	vosotros

Cuando los españoles llegaron a lo que es hoy en día América Latina en el Siglo XV, llevaron con ellos esta variación entre *tú* y *vos*; se usaban las dos formas para referirse a una persona directamente. Muchas veces cuando hay dos estructuras lingüísticas que ocupan la misma función, gana una y la otra deja de usarse. En inglés pasó algo parecido. Durante la época del inglés moderno temprano (1470–1700) el pronombre *you* era plural y se usaba para dirigirse a un grupo de personas. Para dirigirse a una sola persona se usaba "*thou*".

El inglés, 1470–1700:

Persona	Pronombre sujeto	Pronombre posesivo	Pronombre objeto
2ª singular	*thou*	*thy*	*thee*
2ª plural	*you*	*your*	*you*

Eventualmente la forma *you* pasó a considerarse como *usted* – es decir, más cortés y formal – y reemplazó a *thou* para la segunda persona singular. *Thou* todavía se usa en algunas regiones de Inglaterra.

Entonces cuando llegaron los españoles, *tú* y *vos* estaban en variación para la 2ª persona singular. En España, ganó la forma *tú*. ¿Por qué se mantuvo el *vos* en Latinoamérica, y por qué en ciertos países y en otros no? La respuesta se aclara cuando tomamos en cuenta la relación entre España y sus colonias. Durante el Siglo XVI, España estableció dos **virreinatos** para gobernar sus territorios en el 'Nuevo Mundo' y con estos virreinatos había mucha comunicación:

- Nueva España, que incluía lo que hoy en día es México, América Central y el suroeste de los Estados Unidos, y cuya capital se estableció en lo que hoy en día es la Ciudad de México.
- Perú, cuya capital se estableció en Lima.

Figura 2.5 Nueva España

fuente: https://en.wikipedia.org/wiki/Mexican_Texas#/media/File:Political_divisions_of_Mexico_1821_(location_map_scheme).svg

Figura 2.6 Virreinato del Perú

fuente: https://commons.wikimedia.org/wiki/File:Mapa_Virreinato_Peru.png

Estas dos capitales virreinales – la Ciudad de México y Lima – eran los centros de la cultura española en el "Nuevo Mundo" donde se mantenía más contacto con España. En estos lugares, se dejó de usar el pronombre *vos* a favor del pronombre *tú* porque llegaban muchos españoles a estos lugares y traían con ellos desde España la forma que allí iba ganando popularidad, *tú*. Las regiones que se quedaban a una larga distancia geográfica y culturalmente lejos de Lima y México y la continua llegada de la influencia española, como Argentina y Uruguay, mantuvieron la forma más antigua, *vos*.

¿En qué países se encuentra el *voseo* hoy en día?

Actividad 2.26 Mira el mapa en la Figura 2.7 y los cuatro cuadros a continuación. Anota los nombres de los países en los que sí y no se encuentra el *voseo*. Después, busca por Internet la población total de cada país.

Todos usan *vos* (señalados en verde oscuro por todo el país)

País	Población total
1.	
2.	
3.	
etc.	

Se encuentra el *vos* y el *tú* (señalado por verde ligero y/o una combinación de verde y gris)

País	Población total
1.	
2.	
3.	
etc.	

No se usa el *vos*, solo el *tú* (los demás países señalados en gris)

País	Población total
1.	
2.	

¿Cuál es el resumen sobre el uso de *vos* en Latinoamérica?

Número	Uso extendido de *vos*	Usan *vos* y *tú*	Usan *tú* pero no *vos*
Países: ___			
Hablantes: ___			

En resumen, se calcula que por lo menos una tercera parte de la población hispanohablante de América 'vosea'.

Uso del "voseo" en América Latina

Figura 2.7 Uso del "voseo" en América Latina

Fuente: Bertolotti (2015: 38).

Como se notó en el mapa "Uso del voseo en América Latina", en algunos países el voseo se estigmatiza y en otros no. Primero lee el siguiente párrafo y después contesta las preguntas.

"En muchos libros de enseñanza de la lengua materna, aún se insiste en rasgos estándares del español y se obvian los particulares de cada país. Esto pasa, por ejemplo, con el **voseo**, que **brilla por su ausencia**, mientras que el **tuteo** y el **vosotros** figuran como **pronombres obligados** en las gramáticas escolares."

– Miguel Quesada Pacheco (2010), Congresos Internacionales de la Lengua Española, Valparaíso, Chile

1. ¿Qué quiere decir que el voseo "brilla por su ausencia"?
2. ¿Por qué crees que el tuteo y el vosotros "figuran como pronombres obligados en las gramáticas escolares" mientras el voseo no se menciona? En tu respuesta, toma en cuenta la lista de países en que no existe el voseo hoy en día.

Ahora consideremos dos citas de González Ponciano (2006) sobre la estigmatización de *vos* en Guatemala. Según González Ponciano, ¿con qué grupos sociales se asocia el *voseo* en Guatemala?

a. "Una manera de ser reconocido como persona honorable y "decente" es hablando "correctamente" el idioma español, lo cual incluye el uso de "tú" en lugar de "vos", que es un 'modo arcaico que denota gran vulgaridad." Según este mismo autor, las opiniones del filólogo guatemalteco Antonio Batres Jáuregui ejemplifican esta estigmatización, quien dijo: "El *vos* es la mancha negra del idioma castellano" (González Ponciano, 2006: 54). Batres Jáuregui (1904: 104) también escribió: "En Guatemala . . . se usa hablar de *vos*, en vez de *usted* ó de *tú*. Ese modo arcaico denota gran vulgaridad, y no ha de usarse del pronombre *vos*, en tal caso."

b. "Muchos ladinos[12] todavía consideran que el voseo es un tratamiento reservado para hablarle a "los indios", y es común escuchar la expresión denigrante "vos los coches" (por "vos los cerdos" o "vos los indios") para responder al voseo de alguien a quien se considera socialmente inferior. A pesar de los esfuerzos por eliminarlo, el voseo persiste, aunque nunca se le ha considerado un tesoro lingüístico". – Jorge Ramón y González Ponciano (2006), *"No somos iguales": La "cultura finquera" y el lugar de cada quien en sociedad en Guatemala*. p. 54.

Por último, consideremos el hecho de que se desprecia el voseo en Guatemala, pero no tanto en Argentina o en Uruguay. Mira el cuadro a continuación basado en el Atlas Sociolingüístico de Pueblos Indígenas en América Latina (López, 2009: 68). ¿Qué diferencia notable hay entre los primeros dos países y Guatemala?

Estatus de la forma *vos*	País	% de la población que es indígena (año Censo)
No se estigmatiza	Argentina	1.6% (2001)
	Uruguay	3.5% (2004)
Se estigmatiza	Guatemala	39.9% (2002)

También hay que reconocer que hay lugares donde la forma *vos* se aprecia bastante, evidente en el lema oficial de Medellín, Colombia: *Medellín cuenta con vos*.

Hemos visto que se aprecia el voseo en algunos lugares mientras en otros no. También hemos visto que en algunos países se asocia el voseo con los grupos sociales de menor prestigio, haciendo eco a los temas vistos en el Capítulo 1 sobre las conexiones entre el estatus social de los individuos y el estatus de sus formas de hablar.

2.5 Los pronombres de objeto y el *leísmo*

Hasta ahora hemos estudiado los pronombres sujeto, pero también hay pronombres que son *objetos*. Primero tratamos *el objeto directo*. Mientras el sujeto generalmente es la persona o cosa que ejerce una acción, el objeto directo recibe la acción directa del verbo. Por ejemplo, *Gabriel* es el sujeto del verbo *muerde* en ejemplo (a) y es el objeto del verbo *muerde* en ejemplo (b).

(a) Gabriel muerde al perro.

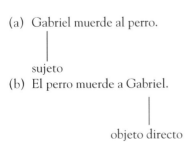

    sujeto

(b) El perro muerde a Gabriel.

             objeto directo

Para identificar el objeto directo, nos podemos preguntar "¿Qué?" o ¿Quién?" como en las dos muestras a continuación:

Muestra 1: *Comen ensalada.*

- Pregunta para identificar el objeto directo: *"Comen ¿QUÉ?"*
- Respuesta: *ensalada.*

  → *ensalada* es el objeto directo del verbo *comen.*

Muestra 2: *Sara ama a Jaime.*

- Pregunta para identificar el objeto directo: *"Sara ama ¿a QUIÉN?"*
- Respuesta: *a Jaime*

  → *Jaime* = el objeto directo del verbo *ama.*

También es útil saber que **el objeto directo siempre es un sustantivo**, y además puede ser sustituido por un *pronombre objeto directo.*

El perro muerde *a* <u>Gabriel</u> → El perro <u>lo</u> muerde.

objeto directo → pronombre objeto directo

Igual que los artículos y los adjetivos que estudiamos en la sección sobre el género de los sustantivos, los pronombres de objeto directo concuerdan en número y género con el sustantivo a que se refieren. Entonces, si reemplazamos a *Gabriel* con un pronombre en la oración *El perro muerde a Gabriel*, usamos el masculino singular *lo* (*El perro lo muerde*). Si reemplazamos la palabra *ensalada* en la oración *Comen ensalada*, usamos el femenino singular *la* (*La comen*). Si son objetos directos plurales, se emplean los pronombres de objeto directo plurales *los* (masculino) o *las* (femenino).

Actividad 2.27 Subraya el objeto directo en estas oraciones, como en el ejemplo. Después, indica cómo sería la oración sustituyendo al objeto directo con un pronombre.

1. Ya vi <u>esa película</u>. → Ya la vi.
2. Construyeron mal estos edificios.
3. Haremos pan esta noche.
4. ¿Compraste las tortillas?
5. Envíen esta caja a mi sobrina, por favor.
6. Toman las fotos con una cámara digital.
7. La profesora felicita a la alumna.

Un fenómeno relacionado con los pronombres de objeto se llama el *leísmo*. Empecemos contemplando unos ejemplos. ¿Cómo traduces las siguientes oraciones del inglés al español?

1. "I love her."

   a. *La quiero*
   b. *Le quiero*

fuente: https://upload.wikimedia.org/wikipedia/commons/f/fb/El_Cl%C3%A1sico_corner.jpg

2. " . . . we weren't making the goal. Until I made it (the goal)."

    a. " . . . no hacíamos el gol. Hasta que le hice yo."
    b. " . . . no hacíamos el gol. Hasta que lo hice yo."

En http://potowski.org/gramatica_variacion_enlaces_2, mira el video "Iván Helguera Bujía Leísmo" (8 segundos). ¿Cómo dice este futbolista la oración (2) arriba?

El uso de *le* en el ejemplo del futbolista representa un fenómeno llamado el *leísmo*. Para entender de qué se trata, hay que entender cómo se usan los objetos directos e indirectos. El *objeto indirecto* (OI) es el receptor, benefactor o meta de la acción verbal expresada por el verbo y el verbo generalmente expresa un evento de transferencia. Es decir, alguien transfiere algo a otra persona. Los pronombres de objeto indirecto en español son *le* y *les*. Suelen ser más a menudo personas que cosas, y suelen contestar la pregunta *¿A QUIÉN?* Miremos un ejemplo:

Enviaste el libro a la señorita.

1. ¿QUÉ enviaste?

| El libro | La señorita |

a) el libro   b) la señorita

¡No metiste a la señorita en el sobre! Enviaste **el libro**.

El libro es el objeto directo. *libro = lo. Lo enviaste a la señorita.*

2. ¿A QUIÉN enviaste el libro?

A **la señorita**. *La señorita* es el objeto indirecto. *señorita = le*. *Le enviaste el libro*.

Actividad 2.28 Identifica el sujeto, el verbo, el objeto directo (OD) y el objeto indirecto (OI) en las oraciones siguientes.

Oración	Sujeto	Verbo	OD	OI
Yo le di el regalo a Juan.	yo	di	regalo	Juan
Marta me dice la verdad.				
Le voy a escribir un mensaje.				
¿Nos puedes corregir la tarea?				
Al niño le pusieron tres inyecciones.*				

*Es común que se duplique el objeto indirecto; es decir, se incluye el objeto indirecto (en este ejemplo *niño*) y el pronombre objeto indirecto (en este ejemplo *le*). Para más práctica, mira "IO y DO practice" en http://potowski.org/gramatica_variacion_enlaces_2

Actividad 2.29 Ahora, indica cuál es el objeto indirecto (que tiene forma de sustantivo) en estas oraciones. Después, reescribe cada oración reemplazando el sustantivo con el pronombre de objeto indirecto.

	Objeto indirecto	Oración con OI
1. Compré un vestido para mi hija.	mi hija	**Le** compré un vestido.
2. El maestro puso una nota alta a Gabriela.		
3. La profesora mencionó a sus estudiantes que iba a haber una prueba.		
4. A mí ___ quitaron todos los libros.		
5. ¡Tira la pelota a Lorena!		
6. ¿Por qué ___ piden a nosotros que limpiemos?		

Por último, hay que recordar que NO pueden ir juntos los OI + OD de la 3ª persona. Es fácil recordar esto pensando que no puede haber dos pronombres seguidos que empiecen con la letra "l":

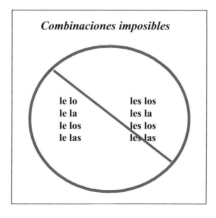

Combinaciones imposibles

le lo   les los
le la   les la
le los   les los
le las   les las

En estos casos, siempre hay que convertir *le* o *les* a *se*:

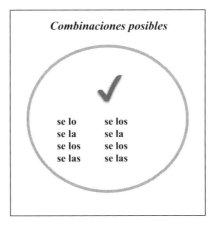

Combinaciones posibles

se lo	se los
se la	se la
se los	se los
se las	se las

Actividad 2.30 Subraya y nombra el OD y el OI. Después reemplázalos con pronombres siguiendo el patrón siguiente.

Modelo: <u>Le</u> di <u>el regalo</u>. > **Se lo di.**
         OI   OD

1. Le escribiste una carta larga.
2. Le compraré un reloj esta tarde.
3. Les llevaron las bebidas a su mesa.
4. Les devolví el horno porque se rompió.
5. Le trajimos una novela.
6. Su papá les preparó la comida.

Ahora, pasemos a estudiar el fenómeno llamado el *leísmo:* el uso de *le* o *les* cuando se esperaba *lo, la, los* o *las*.[13] En el cuadro a continuación, reescribe las Oraciones A en la columna Oración B usando los objetos indirectos *le* o *les* como las diría la gente *leísta*.

Oración A	Oración A: Con pronombre objeto directo	Oración B: Con *le* o *les* (con leísmo)
1. Ya vi esa película.	Ya **la** vi.	Ya **le** vi.
2. Compramos los libros ayer.	Ya **los** compramos.	
3. La profesora va a felicitar al alumno.	La profesora **lo** va a felicitar.	
4. ¿Cuándo compraron ese reloj?	¿Cuándo **lo** compraron?	
5. Toman las fotos con una cámara digital.	**Las** toman con una cámara digital.	

¿Quién usa el *leísmo?* Es un rasgo lingüístico muy extendido que se encuentra en España (lugar de origen del futbolista Iván Helguera Bujía), Paraguay, en los Andes (por ejemplo la sierra de Ecuador y Perú) y en partes del Caribe. En algunos lugares parece que el contacto con otros idiomas promueve el leísmo. Por ejemplo, Choi (1998) encontró que los hablantes bilingües guaraní-español en Paraguay normalmente usan *le* en vez de *lo* para referirse a los objetos directos cuando éstos son seres vivos (es decir, son 'leístas'). En una investigación les preguntó Choi a los hablantes cómo les suenan las oraciones abajo, y es tan común el leísmo en Paraguay que la mayoría de estos hablantes rechazaron (1) y aceptaron (2).

1. Lo quiero mucho a mi hijo.
2. Le vi a ella.

¿Qué estatus tiene el leísmo? Lee los cuatro comentarios a continuación.

1. "Dada la gran extensión en el uso de los hablantes cultos de ciertas zonas de España de la forma *le* cuando el referente es hombre, se admite, únicamente para el masculino singular, el uso de *le* en función de complemento directo de persona: *¿Has visto a Jorge? Sí, le vi ayer en el parque*". – Real Academia de la Lengua Española. Ver "RAE leísmo" en http:// potowski.org/gramatica_variacion_enlaces_2.
2. "La correlación entre rasgos lingüísticos y grupo socioeconómico cambia tanto a través del tiempo como a través de las barreras geográficas. Así, un rasgo lingüístico puede ser considerado de prestigio en una región o país, neutro en otro y estigmatizado en un tercero. Un posible ejemplo lo constituye el *leísmo* para seres animados masculinos, de prestigio en Castilla, pero neutro o incluso estigmatizado en el Cono Sur de América." (Silva-Corvalán & Enrique-Arias, 2017: 131).
3. En un estudio sobre el leísmo en Paraguay, Symeonidis (2013) encontró que pocos paraguayos usan el pronombre objeto directo "lo", pero entre los que sí lo producen son de la clase alta (ver el gráfico abajo).

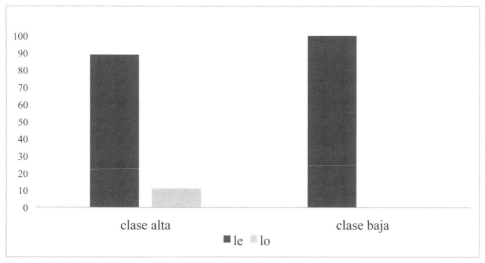

Figura 2.8 Distribución diastrática de *le* y *lo*, pronombres objeto directo en Paraguay

(adaptado de Symeonidis, 2013: 59)

4. Una persona anónima de Buenos Aires, quien responde a un comentario de 'Namarne' (de Cataluña, España) en wordreference.com:

Peón
Senior Member

Buenos Aires - Argentina
(náufragos del
mundo...)
Castellano

> Namarne said: ↑
>
> Dirán lo que quieran los amigos de la cruzada contra el "le", pero tú eso lo vas a encontrar en la conversación de cada día, en los textos periodísticos y en las páginas de los mejores escritores. Y además de ser correcto, normal, habitual y justificado, la respuesta a tu pregunta no cambia.
>
> Saludos. 😊

Depende, **Namarne**. Cuando leo en El País de Madrid "le vimos..." y similar, no puedo dejar de sentir que el diario o el periodista escriben muy mal (aunque sé que así se habla en muchas zonas de España e Hispanoamérica). En un ningún periódico o escritor (bueno o malo) de la Argentina, por ejemplo, encontrarás este uso del "le" que, reitero, aquí suena extraño (si no a error).

Por supuesto que esta no es ninguna cruzada (Dios y Alá me libren) sino que lo aclaramos para que nuestra amiga rumana tenga un conocimiento más o menos adecuado del asunto.

Saludos

Peón, Dec 9, 2010   #9

Vuelve a leer la cita (1) de la Real Academia de la Lengua Española. ¿Por qué crees que la R.A.E. acepta el *leísmo* pero los hablantes del Cono Sur no?

2.8 Las preposiciones y el *doquoísmo*

Las preposiciones son palabras que establecen una relación entre las palabras de un discurso. Unas preposiciones comunes en español son:

a, con, contra, de, debajo, delante, detrás, en, hacia, hasta, para, por, sin, sobre

Si quieres estudiar estas preposiciones, busca por Internet "ejercicios preposiciones español". También puedes mirar en YouTube "Schoolhouse Rock prepositions".

Después de una preposición, los pronombres *yo* y *tu* cambian a *mí* y *ti*:[14]

Pronombre personal	Después de preposición	Ejemplo
yo	mí	Esos libros son para mí.
tú/vos	ti	No van a ir sin ti.
ella, él, usted	ella, él, usted	Entre ella y él no hay nada.
nosotros	nosotros	Los perros corrieron hacia nosotros.
ellas, ellos, ustedes	ellas, ellos, ustedes	De ellos no sé nada.

El *dequeísmo*

Para empezar a entender este fenómeno, primero indica cómo traducirías las oraciones siguientes y comparte tus traducciones con la clase:

a. I think (*pensar*) that grammar is fun!
b. It's rumored (*rumorarse*) that with $2 million you can buy an election.
c. They saw that everything was expensive.

¿Usaste *de que* o *que* después de los verbos *pienso, se rumora,* y *vieron*? Las reglas prescriptivas nos obligan a usar sólo *que* (*pienso que,* etc.). Es decir, prohíben el uso de la preposición *de* antes de *que* con estos verbos.

Ahora, considera los ejemplos 30 y 31. ¿Qué diferencias notas entre lo que las reglas prescriptivas piden y el uso de *pensar* y *rumorarse* en estos ejemplos?

30.

"Yo pienso de que por ahí": manual definitivo de obviedades futboleras

Cortesía Shock (www.shock.co)

31.

El *dequeísmo* es la utilización no normativa de la preposición "*de*" junto a la conjunción "*que*" en oraciones subordinadas sustantivas de objeto directo. Aclaremos lo que quiere decir todo esto.

Las *oraciones subordinadas* solas no forman una oración entera. Por ejemplo, "que quería llegar a las 3:00" es una oración subordinada, no una oración completa. Si agregamos *Me dijo* antes de la subordinada, el resultado es una oración completa: *Me dijo que quería llegar a las 3:00.*

Las *oraciones subordinadas sustantivas de objeto directo* (*noun sentences as direct objects*) son exactamente lo que el nombre indica: oraciones subordinadas en las cuales el objeto directo no es sencillo como *el libro* o *la película,* sino una oración:

Verbo principal	Pregunta	Oración con sustantivo como objeto directo	Oración con una subordinada de objeto directo
Dijo	¿Qué dijo?	la verdad.	que quería llegar a las 3:00.
Quiero	¿Qué quiero?	chocolate.	que leas el capítulo entero.
Pidieron	¿Qué pidieron?	un helado.	que esperaran un rato.

La oración subordinada sirve como objeto directo del verbo principal. Vimos antes que el objeto directo que recibe la acción del verbo. Llena las células vacías con tus propios ejemplos originales.

Verbo principal	Oración con sustantivo como objeto directo	Oración con subordinada como objeto directo
Observó	la Tierra.	que la Tierra es redonda.
Pedimos		
Mi mamá imagina		
Dices		

Otros uso comunes del *dequeísmo* son después de ciertas frases como:

Sin *dequeísmo*	Con *dequeísmo*
Lo que pasa es que llegamos tarde.	Lo que pasa es **de** que llegamos tarde.
El problema es que no tenemos tiempo.	El problema es **de** que no tenemos tiempo.

Ahora puedes entender el *dequeísmo*: lo que hacen unos hablantes es insertar la preposición *de* antes de una oración sustantivas de objeto directo, o después de ciertas frases.

Actividad 2.31 Traduce estas oraciones a continuación, con y sin el *dequeísmo*.

	Sin *dequeísmo*	Con *dequeísmo*
They saw that everything was expensive.		
We thought that she would arrive late.		
What happens is that they make you wait a week.		
His worry is that they won't have enough.		

Estudia la lista a continuación. Son todos verbos que pueden aparecer con el *dequeísmo*. ¿Qué tienen en común?

sostener, afirmar, decir, imaginar, insistir, pedir, observar, opinar, dudar, sospechar, considerar

Los ejemplos 30 y 31 provienen de periódicos de Galicia, España, y de Cali, Colombia. Pero cabe mencionar que el *dequeísmo* es un fenómeno panhispánico, es decir, se encuentra en todos lados. Entonces ¿por qué se estigmatiza? Como es un fenómeno muy extendido pero 'prohibido' por las guías de gramática, solo la gente con un nivel muy alto de educación sabrá evitarlo. Entonces se estigmatiza como un rasgo asociado con gente menos educada o 'inculta'; esto se podría considerar un tipo de *clasismo*. Así llega a ser, según los prescriptivistas, 'un vicio', o aún peor, un 'horror', según el Instituto Cervantes cuya página de web *Museo de los Horrores* incluye una sección sobre el dequeísmo:

 MUSEO DE LOS HORRORES

DEQUEÍSMO / QUEÍSMO

Uno de nuestros espectadores dice haber oído en televisión:

* Pienso **de que** esta Semana Santa va a hacer buen tiempo.

El dequeísmo es uno de los errores gramaticales más habituales en nuestro tiempo. Pero, ¿en qué consiste? Veamos algunas oraciones, todas ellas erróneas:

*Me consta **de que** el teatro estaba lleno.

*Resulta **de que** el ministro no acudió a la cita.

*Es fácil **de que** volvamos a encontrarnos.

En estos casos estamos ante oraciones sustantivas que hacen la función de sujeto. Por norma, ningún sujeto lleva preposición, por lo que no se le puede añadir la preposición *de*. Lo correcto sería:

Me consta **que** el teatro estaba lleno.

Resulta **que** el ministro no acudió a la cita.

Es fácil **que** volvamos a encontrarnos.

Fuente: Dequeísmo / queísmo. Museo de los horrores. Centro Virtual Cervantes. © Instituto Cervantes (https://cvc.cervantes.es/lengua/alhabla/museo_horrores/museo_010.htm).

Aquí en las siguientes opiniones de wordreference.com se nota que el dequeísmo es un rasgo estigmatizado:

Fantasmagórico
Senior Member

Montevideo, Uruguay
Uruguayan Spanish

"nos sorprende que" (This is grammatically correct)
"nos sorprende de que" (This is an good example of "dequeísmo", and should be avoided by all means).

Last edited: Aug 14, 2008

Pohana
Senior Member

Venezuela
Venezuelan Spanish

thighmax said: ↑

He tenido varias discusiones en las que personas utilizan la frase "lo que pasa es de que" cuando según lo que yo se la frase debe de ser "lo que pasa es que".

Entiendo que esta frase puede ser un modismo de mi país pero quisiera saber cual de las dos es correcta gramáticamente.

La preposición *de* se utiliza muchas veces en forma incorrecta: sustituyendo otras preposiciones, incluyéndola innecesariamente, etc. El detalle es que su uso junto a la conjunción que, "de que" es el caso que más errores gramaticales crea, para evitarlos debe analizarse si *de* hace parte del grupo verbal, por ejemplo, "*darse cuenta de*" algo : se *dió cuenta de* que no era verdad (*que* es parte de ese algo). Ahora bien, "pasar" algo: lo que pasa es que, en este caso *de* no forma parte del grupo verbal (que también es parte de algo), así pues lo correcto es "lo que pasa es que "

Existe un fenómeno parecido pero opuesto. Acabamos de afirmar que el *dequeísmo* ("Me dijo **de que** no quería esperar") está altamente estigmatizado. Como resultado alguna gente, haciendo un esfuerzo por evitar el *dequeísmo*, omite la preposición *de* ¡cuando según los libros de gramática se supone que es obligatoria! Es el caso con los verbos que van siempre con *de*, que se conocen como **verbos de régimen preposicional**. Un ejemplo es el verbo *hartarse de*. Normalmente **no** se usa este verbo sin *de*; no es común escuchar "Se hartó esperar tanto" ni "Se hartó que la hicieran esperar tanto." A continuación mostramos otros verbos de este tipo, que normalmente van acompañado de *de*:

A Verbo que va con "de"	B Oración con sustantivo como objeto directo	C Oración con una subordinada de objeto directo – NO son ejemplos de dequeísmo	D Oración con el *queísmo* – que omite el "de"
olvidarse de	Se olvidó **de** cerrar la puerta.	Se olvidó **de que** era necesario cerrarla.	Se olvidó **que** era necesario cerrarla.
acordarse de	¿Te acordaste **de** llamarle?	¿Te acordaste **de que** esperaba tu llamada?	¿Te acordaste **que** esperaba tu llamada?
quejarse de	No me quejo **de** eso.	No me quejo **de que** haya llegado tarde.	No me quejo **que** haya llegado tarde.

Actividad 2.32 Lee el cartero a continuación y explica qué está pasando gramatical- mente en la primera cláusula.

Las oraciones de la columna B sonarían raras y hasta agramaticales sin *de* (*"No me quejo eso"). Por eso, las oraciones de la columna C **no** son ejemplos del dequeísmo porque la palabra *de* viene siendo parte del verbo. Incluso según muchos libros de gramática, las versiones de la columna D, sin la preposición *de*, serían incorrectas. Sin embargo, este fenómeno, que se conoce como el *queísmo*, está muy extendido. Por ejemplo, Kanwit (2015) encontró que entre un grupo de 160 hablantes, el *queísmo* (oraciones como "Se olvidó que era necesario") ocurrió en un 63% de los casos. Se incluía el "de" ("Se olvidó de que era necesario") en tan solo un 36% de los casos. Entonces es válido preguntarse: Si un fenómeno ocurre en la minoría de los casos naturales en el habla de la gente, ¿se debe decir que es "obligatorio"? O ¿es más acertado describir el *queísmo* como el fenómeno normativo?

2.7 Resumen

En este capítulo hemos visto varios temas. Empareja el tema con su ejemplo.

Sustantivos

___ 1. usos alternativos, formas plurales
___ 2. usos alternativos, género

Pronombres

___ 3. uso más frecuente del pronombre sujeto
___ 4. uso preverbal en interrogativas
___ 5. el pronombre *ello*
___ 6. uso de *vos*
___ 7. pronombre de objeto indirecto en vez del pronombre objeto directo (el *leísmo*)
___ 8. el *dequeísmo*
___ 9. el *queísmo*

a. A mi hermano <u>le</u> vi el sábado.
b. <u>Yo</u> dije que <u>tú</u> querías llegar temprano, pero <u>yo</u> no lo sabía a ciencia cierta.
c. <u>Las miembras</u> del comité rechazaron los argumentos.
d. Ello llueve diario en la montaña.
e. Se hartó <u>que</u> la gente se burlara de él.
f. Mi tío <u>piensa de que</u> los políticos son corruptos.
g. <u>Vos</u> no tenés el derecho de entrar allí.
h. Estaban preocupados <u>los papáses</u> de la niña.
i. <u>¿Por qué ella</u> no está aquí?

¿Cuáles son las explicaciones ofrecidas en este capítulo por los usos alternativos de formas plurales, los usos alternativos de género, el uso más frecuente del pronombre sujeto, el pronombre *ello*, el uso de *vos* y el *queísmo*?

Vimos que todas estas formas son bastante comunes en el mundo hispanohablante pero aun así sufren de estigmatización por cuestiones de factores sociales. Para concluir este capítulo, repasa cada uno de los fenómenos sociales a continuación y discute con tus compañeros los ejemplos que muestran que el prejuicio social se extiende al prejuicio lingüístico.

1. El clasismo

    a. los sustantivos plurales
    b. el *dequeísmo*
    c. el *leísmo*

2. El sexismo

    a. el género de los sustantivos que se refieren a seres humanos

3. El racismo

    a. el pronombre *ello*
    b. la no inversión de sujeto-verbo en las interrogativas
    c. el voseo

4. El prestigio asociado con el español en España

    a. el *leísmo*
    b. el pronombre *vosotros* (comparado con el *voseo*)

NOTAS

1 Muchos de los ejemplos usados en este libro vienen de los siguientes córpora: New Mexico Colorado Spanish Survey (NMCOSS, Bills & Vigil, 2008), Otheguy & Zentella Corpus (O-Z, Otheguy, & Zentella, 2012), Shin's Corpus of Spanish in Washington-Montana (WA-MT, Villa et al., 2014). Ve el capítulo 1 para las referencias completas. Los autores agradecen a Ricardo Otheguy, Ana Celia Zentella, Garland Bills, y Neddy Vigil por el uso de sus córpora.
2 Sin embargo, se han documentado usos como *gallina>gallinase* (Quesada Pacheco, 2002: 98)
3 Para ver más sobre esta variación, mira la actividad "jabalí" en http://potowski.org/gramatica_variacion_enlaces_2
4 Ver http://potowski.org/gramatica_variacion_enlaces_2 para el enlace original.
5 Crédito imagen: fuente: http://www.rae.es/consultas/los-ciudadanos-y-las-ciudadanas-los-ninos-y-las-ninas. Esta reacción de la R.A.E. frente al lenguaje más inclusivo tiene un paralelo en Francia, donde la Académie Française llamó una "aberración" el uso "la escritura inclusiva", la cual consiste en palabras que mezclan las formas masculinas y femeninas (por ejemplo, *directeur-trice-s*, en vez del masculino *directeurs*). Recientemente el ministro Édouard Philippe ordenó a los ministros que utilicen las formas tradicionales, o sea, el masculino genérico.
6 Como mencionamos en el Capítulo 1, en este libro optamos por el masculino genérico pero reconocemos sus limitaciones. Se sigue buscando más posibilidades para promover el lenguaje inclusivo (por ej. (Zentella, en prensa), y apoyamos esos esfuerzos.
7 Consulta http://potowski.org/gramatica_variacion_enlaces_2 para ver el enlace original.
8 Consulta http://potowski.org/gramatica_variacion_enlaces_2 para ver el enlace original.
9 Estas opiniones se expresaron en: https://mx.answers.yahoo.com/question/index?qid=2009052 2134104AAITq4X, http://meristation.as.com/zonaforo/topic/812985/ y https://miltonramirez.org/2007/04/02/en-donde-se-habla-el-mejor-espanol/
10 Según algunas fuentes, es realmente al menos un 46% de la población de Puerto Rico que tiene ascendencia africana (Kinsbruner, 1996).
11 Estas formas son comunes en varios países como Argentina, Uruguay, Costa Rica y Guatemala. Sin embargo, hay países voseantes que conjugan la forma *vos* de otras maneras. Haz una pequeña investigación por Internet sobre un país voseante para ver sus conjugaciones más comunes.
12 En Guatemala se usa el término *ladino* para referirse a una categoría de gente hispanoparlante de origen mixta hispánica e indígena.

13 Este fenómeno es más común con el objeto indirecto masculino singular (*lo* → *le*).
14 Las excepciones a esta regla son las preposiciones *entre, excepto, incluso, menos, salvo* y *según*, que van con pronombre sujeto: *Entre tú y yo no hay nada; Eres guapo según tú; Van todos menos yo.* Otra excepción es la preposición *con*, que en la 1a persona singular se convierte en *conmigo* y en la 2a persona singular es *contigo*.

REFERENCIAS

Alba, Orlando. 2009. *La identidad lingüística de los dominicanos*. Santo Domingo, República Dominicana: Ediciones Librería La Trinitaria and Provo, Utah: Brigham Young University.

Alfaraz, Gabriela. 2002. Miami Cuban perceptions of varieties of Spanish. In Daniel Long & Dennis R. Preston (eds.), *Handbook of Perceptual Dialectology*, Vol. 2, pp. 1–11. Amsterdam: John Benjamins.

Alim, H. Samy, J. Rickford, & A. Ball. 2016. *Raciolinguistics: How Language Shapes Our Ideas About Race*. Oxford: Oxford University Press.

Alonso Raya, Rosario, Alejandro Castañeda Castro, Pablo Martínez Gila, Lourdes Miquel López, Jenaro Ortega Olivares, & José Plácido Ruiz Campillo. 2005. *Gramática básica del estudiante de español*. Barcelona: Editorial Difusión.

Batres Jáuregui, Antonio. 1904. *El Castellano en América*. Guatemala: La República.

Bertolotti, Virginia. 2015. *A mí de vos no me trata ni usted ni nadie. Sistemas e historia de las formas de tratamiento en la lengua española en América*. Ciudad de México: Universidad Nacional Autónoma de México y Universidad de la República de Uruguay. ISBN 978-607-02-6627-0 (UNAM) 978-9974-0-1224-0 (Universidad de la República). 483 pp.

Bills, Garland & Neddy Vigil. 2008. *The Spanish Language of New Mexico and Southern Colorado: A Linguistic Atlas*. Albuquerque: University of New Mexico.

Bullock, Barbara E. & Almeida Jacqueline Toribio. 2009. Reconsidering Dominican Spanish: Data from the rural Cibao. *Revista Internacional de Lingüística Iberoamericana* 7(2, 14), 49–73.

Carvalho, Ana, Rafael Orozco, & Naomi L. Shin. 2015. Introduction. In A. Carvalho, R. Orozco, & N. Shin (eds.), *Subject Pronoun Expression in Spanish: A Cross-Dialectal Perspective*, xiii–xxvi. Washington, DC: Georgetown University Press.

Chiquito, Ana Beatriz. 2012. *A Handbook of Contemporary Spanish Grammar*. Boston, MA: Vista Higher Learning.

Choi, Jinny. 1998. *Languages in Contact: A Morphosyntactic Analysis of Paraguayan Spanish from a Historical and Sociolinguistic Perspective*. Washington, DC: Georgetown University Dissertation.

De Vreese, Liesbeth. 2010–2011. La evolución de los nombres de profesiones femeninos a través de tres variantes hispánicas. MA thesis, University of Ghent. https://lib.ugent.be/fulltxt/RUG01/001/786/664/RUG01-001786664_2012_0001_AC.pdf

Faiguenbaum, Sergio, Cesar Ortega, & Fernando Soto Baquero (coordinadores). 2013. *Pobreza rural y políticas públicas en América Latina y el Caribe*. Santiago, Chile: Organización de las Naciones Unidas para la Alimentaci.n y la Agricultura (fao).

García, Ofelia Isabel Evangelista, Mabel Martínez, Carmen Disla, & Bonifacio Paulino. 1988. Spanish language use and attitudes: A study of two new York City communitie. *Language in Society* 17(4), 475–511.

García Mouton, Pilar & Francisco Moreno Fernández. 2003. *Atlas Lingüístico (y etnográfico) de Castilla – La Mancha (ALeCMan)*. Editorial, Universidad de Alcalá. http://stel.ub.edu/paremio-rom/es/sources/garc%C3%AD-mouton-pilar-francisco-moreno-fernández-directores-alecman-atlas-lingü%C3%ADstico-y

González Ponciano, Jorge Ramón. 2006. "No somos iguales": La "cultura finquera" y el lugar de cada quien en sociedad en Guatemala. *Istor* 24(6), 43–66.

Guerra, Gilbert & Gilbert Orbea. 2015. The argument against the use of the term "Latinx". *The Phoenix: Swarthmore's Independent Campus Newsletter*. Accessed on February 17, 2018: http://swarthmorephoenix.com/2015/11/19/the-argument-against-the-use-of-the-term-latinx/

Hamilton, Mykol. 1991. Masculine Bias in the attribution of personhood: People = Male, Male = People. *Psychology of Women Quarterly* 15(3), 393–402.

Iguina, Zulma & Eleanor Dozier. 2008. *Manual de gramática: Grammar reference for students of Spanish.* Boston: Thomson Heinle.

Kanwit, Matthew. 2015. The role of discourse topic in evidentiality marking: Variable *(de)queísmo* in Caracas. *eHumanista/IVITRA* 8, 446-470.

Kinsbruner, Jay. 1996. *Not of Pure Blood: The Free People of Color and Racial Prejudice in Nineteenth-Century Puerto Rico.* Durham, NC: Duke University Press.

López, Luis Enrique. 2009. Pueblos, culturas y lenguas indígenas en América Latina. En *Atlas sociolingüístico de pueblos indígenas en América Latina*, Tomo 1, pp. 19–100. UNICEF y FUNPROEIB Andes. Last accessed on June 4, 2018: www.unicef.org/honduras/tomo_1_atlas.pdf

Obediente Sosa, Enrique. 1993. *El habla rural de la Cordillera de Mérida.* Mérida, Venezuela: Universidad de los Andes.

Otheguy, Ricardo & Ana Celia Zentella. 2012. *Spanish in New York: Language Contact, Dialectal Leveling, and Structural Continuity.* Oxford: Oxford University Press.

Quesada Pacheco, Miguel Ángel. 2002. *El español de América.* Costa Rica: Editorial Tecnológica de Costa Rica.

Quesada Pacheco, Miguel Ángel. 2010. Actitudes y políticas lingüísticas en Centroamérica en el siglo XIX. Ponencia dada en Congresos Internacionales de la Lengua Española, Valparaíso, Chile. Ponencia bajada de: http://congresosdelalengua.es/valparaiso/ponencias/america_lengua_espanola/quesada_miguel_a.htm. Accesado 13 septiembre 2018.

Rini, Joel. 1994. The enigmatic morphology of Spanish azúcar and the "new feminine *el*". *Ibero* 2014(80), 244–260.

Silva-Corvalán, Carmen & Andrés Enrique-Arias. 2017. *Sociolingüística y pragmática del español*, 2a edición. Washington, DC: Georgetown University Press.

Silveira, Jeanette. 1980. Generic masculine words and thinking. In Cheris Kramarae (ed.), *The Voices and Words of Women and Men*, pp. 165–178. Oxford: Pergamon Press.

Stahlberg, Dagmar, Friederike Braun, Lisa Irmen, & Sabine Sczesny. 2007. Representation of the sexes in language. In Klaus Fiedler (ed.), *Social Communication: A Volume in the Series Frontiers of Social Psychology*, pp. 163–187. New York, NY: Psychology Press.

Suárez Büdenbender, Eva-María. 2010. Comparing Dominican linguistic (in)security in the Dominican Republic and in the diaspora. In Claudia Borgonovo et al. (eds.), *Selected Proceedings of the 12th Hispanic Linguistics Symposium*, pp. 148–159. Somerville, MA: Cascadilla Proceedings Project.

Symeonidis, Haralambos. 2013. Análisis sociolingüístico del leísmo en el español paraguayo. *Revista Internacional d'Humanitats* 27 jan–abr. CEMOrOc-Feusp/Univ. Autònoma de Barcelona.

Teschner, Richard & William Russell. 1984. The gender patterns of Spanish nouns: An inverse dictionary-based analysis. *Hispanic Linguistics* 1, 115–132.

Toribio, Jacqueline. 2000. Setting parametric limits on dialectal variation in Spanish. *Lingua* 10, 315–341.

Villa, Daniel, Naomi L. Shin, & Eva Nagata. 2014. La nueva frontera: Spanish-speaking populations in Central Washington. *Studies in Hispanic and Lusophone Linguistics* 7(1), 149–172.

Zentella, Ana Celia. 1990. Lexical leveling in four New York City Spanish dialects: Linguistic and social factors. *Hispania* 73(4), 1094–1105.

Zentella, Ana Celia. In press. LatinUs and linguistics: Complaints, conflicts, contradictions: The anthro-political linguistics solution. In Naomi Shin & Daniel Erker (eds.), *Questioning Theoretical Primitives in Linguistic Inquiry* (Papers in Honor of Ricardo Otheguy). Amsterdam: John Benjamins.

Capítulo 3

Verbos

En este capítulo examinamos los siguientes temas relacionados con los verbos:

3.1 ¿Qué es un verbo?

En general los verbos se refieren a los eventos o las acciones. Por ejemplo, *caminar, hablar* y *vivir* son verbos.

> **Actividad 3.1 Si no tienes muy claro qué es un verbo, busca en YouTube el video *Schoolhouse Rock verbs*.**

Todas las oraciones tienen por lo menos un verbo. Los verbos tienen varias formas. La forma del *infinitivo* de un verbo siempre acaba en *-ar, -er* o *-ir*. Mira los ejemplos a continuación y agrega tres infinitivos adicionales en cada una de las tres cajas.

Infinitivos

-AR	-ER	-IR
bailar, estudiar, tomar	comer, hacer, querer	pedir, escribir oír
_____, _____, _____	_____, _____, _____	_____, _____, _____

Además de su forma del infinitivo, todos los verbos se pueden *conjugar*. Conjugamos los verbos cambiando sus *desinencias* (la parte final). Las desinencias de los verbos conjugados concuerdan con sus *sujetos*:

Sujeto	Infinitivos		
	bailar	comer	pedir
	Verbos conjugados (las desinencias están subrayadas)		
yo	bail**o**	com**o**	pid**o**
tú	bail**as**	com**es**	pid**es**
nosotros	bail**amos**	com**emos**	ped**imos**

Actividad 3.2 Subraya los 27 verbos en total en el cuento "Los tres cochinitos" contado por una niña en México [Corpus WA-MT]. El primer verbo ya aparece subrayado. Nota que en algunos casos aparecen dos verbos, uno conjugado al lado de un infinitivo. Subraya y numera cada verbo en estos casos.

"Los tres cochinitos 1. <u>vivían</u> en un pueblo. Un lobo los quería comer. Entonces ese lobo siempre los molestaba. Entonces se metió un día el lobo a su casa de los tres cochinitos. Entonces les dice el lobo a los tres cochinitos "si no me dan un bocadillo, los mataré y me los comeré completitos". Entonces cada uno hizo su propia casa, la primera casa la hicieron de pasto, la segunda de leña. El lobo sopló y sopló en la casa de pasto y luego luego se cayó. Después sopló la de leña entonces también se cayó. Entonces un cochinito tuvo una idea mejor: todos hicieron una casa de tabiques. Entonces el lobo sopló y sopló y no podía tumbarla. Entonces como no podía soplar tanto se enfermó de la garganta entonces no pudo soplar nunca más."

Las desinencias de los verbos conjugados concuerdan según la *persona* y *número* gramatical del sujeto:

	singular	plural
1a. persona	yo	nosotros
2a. persona	tú; vos	vosotros
3a. persona	ella; él; usted	ellas; ellos; ustedes

Actividad 3.3 Llena los espacios con la información correcta sobre la persona y número de cada verbo conjugado.

verbo conjugado	persona y número del sujeto	verbo conjugado	persona y número del sujeto
caminas	2a persona singular	*hago*	
bailan		*vas*	
pensamos		*queréis*	
cobro		*insistes*	

Además de variar las desinencias según la persona y número del sujeto, también cambian según **el tiempo.** Hay varios tiempos verbales como el *presente*, el *pasado*, el *futuro*, etc. En el ejemplo (1), el verbo *caminar* está en el *presente simple* y la desinencia es *-o*. En el ejemplo (2), está en el *pretérito* y la desinencia es *-é*. En los dos ejemplos el sujeto del verbo es igual: la primera persona singular. Lo que cambia es el tiempo.

1. el presente simple: <u>Camino</u> a la escuela todos los días.
2. el pretérito: <u>Caminé</u> a la escuela ayer.

Actividad 3.4, Paso 1 Llena las células vacías del cuadro con las conjugaciones (formas) correspondientes a la primera persona singular *yo* para los tres verbos indicados en los diferentes tiempos. Puedes consultar este sitio web http://conjugador.reverso.net u otra página de web si quieres.

	Modo*	Tiempo	*yo*, hablar	*yo*, comer	*yo*, vivir
Simple	Indicativo	Presente	hablo		
		Pretérito		comí	
		Imperfecto			vivía
		Futuro			viviré
		Condicional	hablaría		
	Subjuntivo	Presente	hable		
		Pasado		comiera	
Compuesto	Indicativo	Presente perfecto			he vivido
		Pasado perfecto	había hablado		
		Futuro perfecto			habré vivido
		Condicional perfecto		habría comido	
	Subjuntivo	Presente perfecto	haya hablado		
		Pasado perfecto		hubiera comido	

* Hablaremos sobre el *modo* más adelante. Por el momento, conviene saber que un verbo en el subjuntivo suena bien con la palabra *ojalá* delante: *Ojalá hable, Ojalá viviera*, etc.

Actividad 3.4, Paso 2 Ahora, indica el tiempo, la persona y el número de cada verbo a continuación.

Infinitivo	Verbo conjugado	Persona	Número	Tiempo
visitar	visité	primera	singular	pretérito
ver	habíamos visto			
confundirse	se confunde			
llegar	habrás llegado			
leer	leían			
pensar	habría pensado			
controlar	controlarás			

Si quieres más práctica con la conjugación de verbos, ve a www.studyspanish.com/verbs/.

3.2 Formas del pretérito

Nos vamos a enfocar ahora en el tiempo pasado más frecuente en español: el pretérito. En particular, repasemos cómo se forma la segunda persona singular (*tú*):

Infinitivo	Pretérito, 2a persona singular
estudiar	estudiaste
bailar	bailaste
ver	viste
dirigir	dirigiste

Actividad 3.5 Lee los tres fragmentos a continuación. Subraya todos los verbos conjugados en la segunda persona singular *tú* del pretérito. Vas a notar algo un poco diferente a lo que acabamos de presentar.

1.
Eva:	Y ¿tú fuiste a la feria ayer?
Carol:	Sí.
Eva:	Sí, de verdad y ¿qué vistes en la feria?
Carol:	Puercos. [WA-MT]

2.
I:	Entonces, ¿aprendistes el español primero?
C:	Sí, oh sí.
I:	Y luego, el inglés lo aprendistes cuando fuistes a San Diego? O ¿aquí, también?
C:	No, aquí también. [NMCOSS]

3.
I.E.:	¿Tú llegastes aquí y estuvistes trabajando?
E.:	¿Trabajando dónde?
I.E.:	¿En la ciudad?
E.:	No.
I.E.:	¿Vinistes directamente a trabajar? [O-Z]

¿Se forman estas preguntas como tú las formarías, o suenan diferentes?

_____ Suenan como yo las diría.

_____ Suenan diferente a como yo las diría.

Actividad 3.6 Usando los verbos que subrayaste en la actividad 3.5, anota la forma en la que aparecieron allá y la forma que muestran las páginas web que consultaste para la forma *tú* en el pretérito perfecto simple.

***Tú*, pretérito (pretérito perfecto simple)**

Verbo	Cómo aparece en la actividad 3.5	Cómo aparece en http://conjugador.reverso.net/
1. *aprender*		
2. *ir*		
3. *llegar*		

4. *estar*		
5. *venir*		
6. *ver*		

Estos ejemplos muestran que hay **variedad** en cómo se forma la segunda persona singular *tú* en el pretérito. Las fuentes oficiales dicen que se forma con las terminaciones – *aste*, – *iste* pero muchas personas usan – *astes*, – *istes*.

¿Por qué agregan una – s al final muchos hablantes? Para una posible respuesta, repasemos las conjugaciones de la segunda persona singular en el pretérito.

Actividad 3.7 Llena el cuadro a continuación conjugando el verbo *comprar*. ¿Cuáles de las formas acaban en la letra – *s*? NOTA: Para los verbos compuestos, hay que mirar el verbo auxiliar *haber* y no el participio.

	Modo	Tiempo	comprar	¿Acaba en – s?
Simple	Indicativo	Presente simple	*compra**s***	sí
		Pretérito		
		Imperfecto		
		Futuro		
		Condicional		
	Subjuntivo	Presente subjuntivo		
		Pasado subjuntivo		
Compuesto	Indicativo	Presente perfecto	*ha**s** comprado*	sí
		Pasado perfecto		
		Futuro perfecto		
		Condicional perfecto		
	Subjuntivo	Presente perfecto subjuntivo		
		Pasado perfecto subjuntivo		

Notamos que todas las formas de *tú* acaban en – s menos el pretérito. Entonces algunos lingüistas proponen que agregar una – s al pretérito se trata de un proceso de **regularización** – es decir, un esfuerzo por hacer que todo el paradigma verbal sea igual. Esto es común en muchas lenguas. El siguiente ejemplo viene del inglés:

Actividad 3.8 Escribe la información que falta en este cuadro.

Every day I . . . (presente simple)	*Yesterday I . . .* (pasado simple)	Terminación de estos verbos
1. . . .*walk to school.*	1. . . . *walked to school*	
2. . . .*greet my neighbors.*		
3. . . .*brush my teeth.*		
4. . . .*watch the news.*		
5. . . .*listen to my professor.*		

6. . . .*sleep eight hours.*		
7. . . .*feel happy in Spanish class.*		
8. . . .*keep my keys safe.*		
9. . . .*mean to eat better.*		
10. . . .*leave at 8:00 am.*		

Vemos que muchos verbos en el pasado – la gran mayoría – acaban en – *ed* mientras que otros (bastantes menos) acaban en – *t*. Es muy común que los niños pequeños anglohablantes digan **sleeped*, **keeped* and **leaved* porque están extendiendo la terminación regular – *ed* a los verbos irregulares.

Algunos verbos están experimentando un cambio: muchos hablantes usan una nueva forma que representa una **regularización** – es decir, se está empezando a usar la forma más regular del pasado en inglés, *-ed*. Si te fijas, verás que se usan las dos formas.[1]

Verbo	Forma original/más antigua	Nueva forma regularizada
dream	*dreamt*	*dreamed*
leap	*leapt*	*leaped*
creep	*crept*	*creeped*
dive	*dove*	*dived*
kneel	*knelt*	*kneeled*

Fuente: Bybee (2015)

Entonces, los hablantes del español que agregan – *s* a la segunda persona singular del pretérito están regularizando un paradigma: extienden la – *s* al pretérito porque casi todas las otras formas verbales de segunda persona singular la tienen (hay una más que no la tiene. ¿Sabes cuál es?). **OJO**: no hay que confundir esta forma regularizada con la forma *vosotros*, que es parecida pero diferente. ¿En qué se diferencian estas dos formas?

bailastes = 2ª forma singular (*tú*), pretérito, regularizada con *-s*
bailasteis = 2ª forma plural (*vosotros*) pretérito

¿Qué opinan algunas personas sobre el uso de la forma regularizada del pretérito en la segunda persona singular? Consulta estas dos fuentes y anota tres (3) opiniones sobre esta forma verbal.

1. Busca por internet la palabra "*dijistes*".
2. Busca la página titulada el "Museo de los horrores" del Instituto Cervantes y haz clic sobre "*dijistes, vinistes*".
3. Vuelve a mirar la Figura 1.4 en el Capítulo 1 que ilustra el ciclo de prestigio lingüístico. ¿Cómo impulsa el ciclo cuando se rechazan la forma de segunda persona singular del pretérito con *-s*?

Otras formas del pretérito: *traer* y *ver*

Además de la – s en la 2ª persona singular del pretérito, hay otras conjugaciones en el pretérito que merecen atención. El verbo *traer* es uno de ellos.

Actividad 3.9 Busca por YouTube la canción infantil *La olla y el comal* del artista Cri Cri y llena los espacios con las palabras que faltan.

El Comal le dijo a la Olla:

"Oye Olla, oye, oye!
si te has creído que yo soy recargadera
búscate a otro que te _____".

Y la Olla se volvió hacia el primero:

"Peladote, majadero!
es que estoy en el hervor de los _____ .
y ni animas que deje para asté* todo el brasero".
* *usted*

El Comal a la Olla le dijo:

"Cuando cruja, no arrempuje!
Con sus tiznes, me ha estropeado ya de fijo
la elegancia que yo _____".

Y la Olla por poquito se desmaya:

"¡Presumido! Vaya, vaya;
lo _____ de la plaza percudido
y ni animas que diga que es galán de la pantalla".

Crédito imágenes: comal: overstock.com; olla: https://pixabay.com/en/cooking-pot-sauce-pan-pot-cooking-146459/

Un segundo ejemplo donde aparece esta variante de *traer* es una versión de la Biblia publicada en 1874 (el ejemplo es de Éxodo 35:27):

> **27 Y los príncipes trujeron las piedras de onyx, y las piedras de los engastes para el ephod y el pectoral;**

Por último, si conoces a un adulto que se crió en México, pregúntale si conoce la frase "¡A lo que te truje, Chencha!" (*Chencha* es diminutivo de Crecencia o Inocencia, del mismo modo que *Pancho* es diminutivo de Francisco). ¿Qué quiere decir esta frase?

En la época del escritor español Miguel de Cervantes (autor del *Don Quijote*, 1605), el pretérito del verbo *traer* se conjugaba como se presenta en el cuadro abajo. Escribe las conjugaciones modernas en la columna a la derecha.

La conjugación del pretérito del verbo *traer*

En el Siglo XVI		Hoy, forma más común
truje	trujimos	
trujiste	trujistes	
trujo	trujeron	

Por último, miremos el pretérito del verbo *ver*. Lee las siguientes oraciones de *Historia de Las Indias* de Bartolomé de Las Casas, que describe las impresiones iniciales de Cristóbal Colón cuando llegaron al 'Nuevo Mundo'. Después hay unas oraciones del *Diario* de Cristóbal Colón (todo citado de Henige, 1992). Mira todos los verbos subrayados.

De *Historia de Las Indias:*

> "Ellos andan todos desnudos como su madre los parió, y también las mujeres, aunque no *vide* mas de una harto moça. Y todos los que yo *vi* eran todos mancebos que ninguno *vide* de edad de más de XXX anos . . . . ."
>
> Y todos los que yo *vide* eran mancebos, que ninguno *vide* que pasase de edad de más de treinta años . . . ."

Del *Diario* de Colón:

> "Ellos todos a una mano son de buena estatura de grandeza y buenos gestos, y bien hechos. Yo *vide* algunos que tenían señales de feridas e sus cuerpos . . ."

El texto a continuación es mucho más moderno. Viene del libro de Juan B. Rael (1977: 172) titulado *Cuentos españoles de Colorado y de Nuevo Méjico:*

> "Vamos a ver ahora a Alfonso. Pues Alfonso se fué y anduvo diferentes lugares y llegó a una suidá. Ai se estuvo unos días donde supo que el rey tenía una hija que la estaba cuidando un gigante y ese gigante todos le tenían miedo. No dejaba arrimar a nadie. Su comida se la llevaban muy lejos pa que la agarrara él y **él vido** en la plaza los avisos que

decían que el matara al gigante se casaría con su hija del rey. Pero él no tenía ningunas esperanzas porque no había quien se arregara.

Pues una noche se anduvo él allí cerca en la casa donde estaba la príncipe. Adelante estaba un portal de fierro muy grande donde estaba el gigante. Pues él allí se arrimó una noche y estuvo mirando y reflejó cómo podiá entrar, pero **él vido** que las puertas todas estaban con candados, y fue con su perrito y su daga y cortó el candado y entró y llamó a su perrito."

Por último, para escuchar un ejemplo de Colombia, busca por YouTube la canción "Yo vide el tigre" del grupo Casabe de Oro. El coro dice así: "Yo vide el tigre, yo no lo vi . . .".

Actividad 3.10 Ahora, llena el cuadro a continuación con las formas arcaicas del pretérito del verbo *ver*.

La conjugación del pretérito del verbo *ver* (Nota que con *ver* solo hay dos conjugaciones que muestran variación)

En el Siglo XVI	Hoy, forma más común
	vi
	vio

Lo que vemos en los contextos presentados – *truje* y *vide* etc. – es que se ha mantenido la forma antigua (el arcaísmo) en algunos contextos entre algunos hablantes.

Se encuentra la siguiente definición en una página web llamada "Los vicios del lenguaje".[2] Léela y después contesta las preguntas:

> *Arcaísmo: Frase o palabra anticuada y en desuso. Los arcaísmos son voces anticuadas, que la lengua general ha ido desechando a lo largo de su historia. Muchos arcaísmos pueden leerse en las obras del Siglo de Oro, y algunos perduran en el habla de las zonas rurales (pasaron a ser marcas del lenguaje rústico) o en el habla de personas poco instruidas (pasaron a considerarse vulgarismos).*
>
> *Ejemplos: . . . ansí o ansina, agora, endenantes, . . . mesmo, facer, fijodalgo, fierro, falcón, . . . vide, haiga . . .*

1. Según este texto, ¿quiénes emplean los arcaísmos hoy en día?
2. ¿Por qué crees que se mantienen los arcaísmos en las zonas rurales? (Pista: piensa en la explicación del mantenimiento del voseo en algunos lugares).
3. ¿Qué entiendes por el "lenguaje rústico"? ¿Por qué se desprecia? Para formular tu respuesta, considera las preguntas que planteamos en el Capítulo 2 cuando estudiamos los plurales como *cafeses*.
4. En el Capítulo 1 vimos que los prescriptivistas suelen rechazar las formas nuevas que entran a la lengua española, argumentando que las formas antiguas son mejores. Si

creen eso, ¿por qué no aceptan los arcaísmos como *truje* y *vide* hoy en día? ¿Te parece un poco contradictorio que no admitan nuevas formas pero también rechacen formas antiguas?

3.3 El pretérito y el presente perfecto

El pretérito y el presente perfecto son dos maneras de expresar acciones en el pasado. Repasemos cómo se forman estos dos tiempos verbales antes de enfocarnos en las diferencias en el significado que comunican.

El presente perfecto = el presente del verbo **haber** + el **participio**

el presente del verbo *haber*		el participio
he	hemos	– AR → ado
has	habéis	– ER → ido
ha	han	– IR → ido

Ejemplos:

Verbo	Presente perfecto	
cortar	he cortado	hemos cortado
	has cortado	habéis cortado
	ha cortado	han cortado
reírse	me he reído	nos hemos reído
	te has reído	os habéis reído
	se ha reído	se han reído

OJO: El verbo auxiliar *ha* en *ha cortado* suena igual a la palabra *a*. Pero *a* sin hache tiene otro significado. Traduce al inglés: *Mi amigo* **ha** *ido* **a** *la escuela*. ¿Cómo se traduce *ha* y cómo se traduce *a*?

Ciertos participios son **irregulares**. Es decir, no siguen el patrón de agregar *-ado* o *-ido* a la raíz del infinitivo.[3]

morir → ~~morido~~ *muerto*   freír → ~~freído~~ *frito*   romper → ~~rompido~~ *roto*

Actividad 3.11 Escribe la forma del participio en el espacio.

decir →	*dicho*	También *contradecir*, etc.
cubrir →	_____	También *encubrir, descubrir*, etc.
hacer →	_____	También *rehacer, satisfacer*, etc.
poner →	_____	También *imponer, componer, reponer, exponer*, etc.
escribir →	_____	También *inscribir, reescribir*, etc.

abrir →	_____	También *reabrir*, etc.
volver →	_____	También *envolver, resolver*, etc.
ver →	_____	También *entrever*, etc.

Actividad 3.12 Conjuga los verbos siguientes en el presente perfecto. Pon atención a los verbos reflexivos con – *se*.

Persona	hablar	dormirse	leer	deshacer	oponerse
1ª sing	he hablado	me he dormido			
2ª sing	has hablado				
3ª sing	ha hablado				
1ª plural	hemos hablado				
2ª plural	habéis hablado				
3ª plural	han hablado				

El pretérito y el presente perfecto: diferencias de significado

Lee el diálogo a continuación que proviene de un corpus de una de las autoras que consiste en conversaciones con niños en México:

NAOMI: ¿Sabes que hay una jirafa en el Yaguar Zoo? ¿El zoológico aquí en Oaxaca?
ANA: No, no **he ido** a este zoológico . . . yo ya solo **fui** [al de] Guadalajara.

Ana dice *no he ido* para expresar que desde el pasado y hasta el presente, no ha ido al zoológico de Oaxaca. Es decir, no especifica ningún momento en el pasado sino todo el pasado y la situación continúa hasta el presente. Por otro lado, dice *fui al de Guadalajara* para expresar y especificar un momento en el pasado en que ocurrió su visita.

Se puede apreciar esta diferencia entre el presente perfecto y el pretérito con el siguiente ejemplo en inglés:

a. I haven't seen that movie.
b. I didn't see that movie.

¿Cuál es la diferencia entre (a) y (b)? En la versión (a), todavía existe la posibilidad de que veas la película. Pero en la versión (b), cierto tiempo para ver la película ya se concluyó y no se va a poder ver dentro de ese tiempo. Otro ejemplo sería:

I **have** never **gone** to that zoo, but I **went** to the Guadalajara zoo a few years ago.

Tomando en cuenta estas diferencias entre *he ido* y *fui*, escoge la forma que corresponde a las siguientes representaciones visuales de estos verbos.

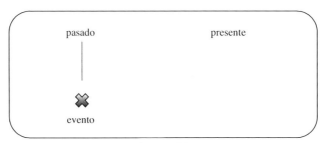

Figura 3.1 Forma verbal representada: □ he ido   □ fui

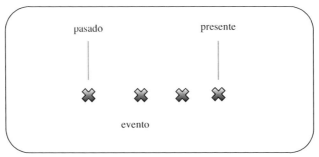

Figura 3.2 Forma verbal representada: □ he ido   □ fui

Actividad 3.13 Si tomamos en cuenta las diferencias de significado descritas arriba, solo una de las dos oraciones en cada pareja tiene sentido. ¿Cuál es? Puede ser de ayuda traducir la pregunta y las dos opciones al inglés.

Modelo: Mi perro no <u>ha comido</u> nada . . .

   a la semana pasada
   b. desde hace dos días. ✔

1. ¿Has ido a Paris? Sí, <u>he ido</u>. . .

   a. Pero no me acuerdo cuando fue ese viaje.
   b. en el año 1990.

2. Siempre <u>hemos estado</u> aquí en Guerrero.

   a. Somos de aquí y seguiremos viviendo aquí.
   b. Pero nos tuvimos que salir hace tres años.

3. Los muchachos <u>cantaron</u> muy bien

   a. en el concierto de ayer.
   b. y siguen cantando.

Ahora que hemos comparado el presente perfecto y el pretérito, vamos a leer y escuchar citas de conversaciones de diferentes partes del mundo hispanohablante.

Actividad 3.14 Llena los espacios en los ejemplos (1) y (2) con el verbo en el pretérito o en el presente perfecto, según tú los dirías. Solo después de hacerlo, mira los videos para saber qué dijeron las personas en realidad. Se encuentran en http://potowski.org/gramatica_variacion_enlaces_3

1. Sevilla (empieza en el minuto 1:10): "Yo ayer estuve toda la tarde preparando el partido del sábado. Esta mañana (levantarme) _____ a las 8.00 para trabajar . . . "
2. Incas: "Es la bebida tradicional de los incas ya desde tiempos . . . inmemoriales de los incas, desde que (ser) _____ la . . . la civilización del imperio incaico. Esta bebida, ellos (inventar) _____ los incas."

Actividad 3.15 Ahora, anota en el cuadro todos los verbos que aparecen subrayados en el ejemplo (3) y llena las columnas con tus respuestas.

3. [Una mujer de la provincia de Alto Amazonas en Loreto, Perú, está hablando de la historia de su matrimonio (Jara Yupanqui & Valenzuela, 2013). Se casó hace muchos años.]:

> "Yo le he encontrado cuando estaba trabajando en el chifa,[4] en la chifa Lun Fun, y él estaba trabajando de administrador en el hostal Yurimaguas. Ahí le he encontrado a él yo. De ahí pues nos hemos conocido. De ahí yo le he dicho que yo tengo mi mamá en Jeberos, tengo una hijita y mi papá, y él me dice "Sí, vamos pues a Jeberos". "Cuando yo me vaya, ahí nos vamos a casar", me dice. "Ya pues" le he dicho. Y por eso yo le he traído. Y nos hemos casado, de ahí otra vez hemos regresado. Y él es de Yurimaguas, yo soy de acá de Jeberos. Bien está. viviendo conmigo hasta ahorita ya. Hemos casado, se ha acostumbrado a vivir acá en Jeberos ya."

Verbo	¿Es presente perfecto o pretérito?	¿Lo dirías tú así?
1.		
2.		
3.		
4.		
5.		
6.		
7.		
8.		
9.		
10.		

Lo que notamos las actividades 3.14 y 3.15 es que muchos españoles y también algunos peruanos y bolivianos usan la forma del:

☐ pretérito   ☐ presente perfecto

. . . en contextos donde el resto del mundo hispanohablante usa el:

☐ pretérito ☐ presente perfecto

Este tipo de variación también existe en inglés. Por ejemplo:

	Estados Unidos: pretérito	Inglaterra, Australia: presente perfecto
Ejemplo 1.	[por teléfono] "Is Jane there?" "No, she **left** for a meeting."	[por teléfono] "Is Jane there?" "No, she**'s left** [she has left] for a meeting."
Ejemplo 2.	John feels ill. He **ate** too much.	John feels ill. **He's eaten** [he has eaten] too much.
Ejemplo 3.	[arriving at hospital] What **happened** to Sarah? She **broke** her arm in two places.	[arriving at hospital] **What's happened** [has happened] to Sarah? **She's broken** [has broken] her arm in two places.

¿Qué opina la gente sobre los usos de estas dos formas verbales en español? Un bloguero planteó esta pregunta:

> "Os traigo este tema a debatir porque estoy harto de oír frases como *hoy desayuné un café con un par de pastas*, la cual yo diría *hoy he desayunado café con un par de pastas*. Y es que me pone de los nervios cuando se lo oigo decir sobre todo a mis amigos Andrei y Guillermo. Obviamente, yo respeto como hablen, pero si presiento que está mal, se lo he de decir."[5]

Alguien con el seudónimo "elidiomamasbonitodelmundo" respondió:

> "*Hoy desayuné un café con un par de pastas*, es un claro ejemplo de mala utilización de los tiempos verbales."

Estos dos hablantes piensan que decir *Hoy desayuné un café con un par de pastas* está mal dicho. Muchos libros y otras fuentes sobre el español para extranjeros ofrecen una opinión muy parecida. Busca la página "learn Spanish in Bilbao pretérito perfecto simple y compuesto", en particular el apartado número 4. Según esta página, ¿cuándo está bien usar el presente perfecto (lo que también se llama el *pretérito perfecto compuesto*) y el pretérito (*pretérito perfecto simple*)? De los contextos a continuación, algunos se mencionan explícitamente en esta página web y otros te pedimos que extrapoles.

Según la página de Bilbao:

___ 1. hoy   a. presente perfecto, por ejemplo "he ido"
___ 2. ayer   b. pretérito, por ejemplo "fui"
___ 3. esta tarde
___ 4. el otro día
___ 5. esta semana
___ 6. antes de ayer
___ 7. esta mañana
___ 8. el mes pasado

Esta página la publicó la Universidad de Bilbao. ¿En qué país está Bilbao?

Es importante notar que los hablantes de otros lugares no están bajo ninguna obligación de seguir las normas de un país que no sea el suyo. Alguien llamado Tomás respondió al "elidiomamasbonitodelmundo", y escribió:

"Está usted absolutamente equivocado. La utilización [*Hoy desayuné un café con un par de pastas*] es correcta. España no es el centro del mundo."

¿Por qué pueden pensar algunas personas que el español de España sea "más correcto" o un ejemplo a seguir? Esto se mencionó en el Capítulo 1. ¿Crees que los hablantes del inglés en Estados Unidos deben hablar como los de Inglaterra y decir "She's left for a meeting" en vez de "She left for a meeting"?

3.4 La pluralización de *haber*

Haber es otro verbo que muestra variación y merece estudiarse. Antes de comenzar este apartado, escribe traducciones al español de las cuatro oraciones siguientes:

Inglés	Mi traducción al español
1. *In that class, there were 23 students.*	
2. *Of them, there were 10 girls and 13 boys.*	
3. *Also, there were 15 students who didn't know English.*	
4. *But there were only two teachers who knew any Spanish.*	

El verbo *haber* en español tiene dos usos generales:

1. *Haber* como verbo auxiliar. Ya vimos el uso de *haber* como verbo auxiliar con el presente perfecto (sección 3.3). El cuadro a continuación muestra otros usos.

Haber como verbo auxiliar

Tiempo verbal	Conjugaciones de haber		Ejemplo
1. Presente perfecto indicativo	*he* *has* *ha*	*hemos* *habéis* *han*	**He** estudiado todos los verbos.
2. Presente perfecto subjuntivo	*haya* *hayas* *haya*	*hayamos* *hayáis* *hayan*	Espero que los **hayas** estudiado también.
3. Pasado perfecto indicativo	*había* *habías* *había*	*habíamos* *habíais* *habían*	Antes del examen, los estudiantes **habían** estudiado mucho.
4. Pasado perfecto indicativo	*hubiera* *hubieras* *hubiera*	*hubiéramos* *hubiérais* *hubieran*	Yo en tu lugar **hubiera** estudiado más.
5. Futuro perfecto	*habré* *habrás* *habrá*	*habremos* *habréis* *habrán*	Para el siguiente examen, **habremos** estudiado el doble.

Tiempo verbal	Conjugaciones de haber	Ejemplo
6. Condicional perfecto	*habría habríamos* *habrías habríais* *habría habrían*	Si hubiéramos tenido más tiempo, **habríamos** estudiado el triple.

2. *Haber* como verbo presentativo (o verbo "existencial"). Cuando se afirma que algo existe, se puede usar *haber* en la 3ª persona singular:

Haber como verbo presentativo

	Tiempo verbal	Singular	Plural
Tiempos simples	1. Presente indicativo	**Hay** un libro.	**Hay** dos libros.
	2. Presente subjuntivo	Es importante que **haya** un libro.	Es importante que **haya** dos libros.
	3. Pasado (imperfecto) indicativo	**Había** un libro.	**Había** dos libros.
	4. Pasado (pretérito) indicativo	**Hubo** un libro.	**Hubo** dos libros.
	5. Futuro	**Habrá** un libro.	**Habrá** dos libros.
	6. Condicional	**Habría** un libro.	**Habría** dos libros.
	7. Pasado subjuntivo	Era importante que **hubiera** un libro.	Era importante que **hubiera** dos libros.
Tiempos compuestos	8. Presente perfecto indicativo	Siempre **ha habido** un libro.	Siempre **ha habido** dos libros.
	9. Presente perfecto subjuntivo	Es importante que siempre **haya habido** un libro.	Es importante que siempre **haya habido** dos libros.
	10. Pasado perfecto subjuntivo	Era importante que **hubiera habido** un libro.	Era importante que **hubiera habido** dos libros.
	11. Futuro perfecto	**Habrá habido** un libro.	**Habrá habido** dos libros.
	12. Condicional perfecto	**Habría habido** un libro.	**Habría habido** dos libros.

Ahora fíjate en las formas siguientes. ¿Cómo se comparan?

Descripción	Forma	Un ejemplo original en español y su traducción al inglés
haber como verbo auxiliar, pasado perfecto indicativo, 3ª persona (#3 en el primer cuadro arriba)		
haber como verbo presentativo, pasado (imperfecto) indicativo (#3 en el segundo cuadro arriba)		

Este punto lo queremos dejar muy claro antes de seguir: en esta sección solamente nos enfocamos en el uso de *haber* como verbo presentativo (*there is/there are* y sus variantes), **no** como verbo auxiliar (*have* y sus variantes).

Actividad 3.16 ¿Cómo se traduce al inglés las palabras en negritas de las oraciones siguientes?

Oración	Traducción, parte en negritas
1. " . . . no **habían sufrimientos** en la tierra" [O-Z]	
2. ". . . el sofá estaba despejado, de modo que lo revisó por si **había arañas** . . . " – Dan Wells, *Fragmentos*	
3. "Ya en el zaguán del edificio se separó del grupo y preguntó al portero dónde **había** un teléfono." – Gabriel García Márquez, *Sólo vine a hablar por teléfono*	
4. ". . . también me recuerdo en la casa de mi abuela, ella tenía muchos animales, tenía, eh . . . eh . . . tenía pollos y . . . y tenía . . . también **habían ranas** . . . ." [O-Z]	
5. ". . . cuando yo vine aquí, **habían muchachos** que yo no sabía el inglés y ellos vienen te saludan así." [O-Z]	

El verbo de la parte traducida en los ejemplos número 1, 4, y 5 son diferentes a los ejemplos 2 y 3. ¿De qué manera se distinguen?

Lo que notamos en el ejemplo número 4 (". . . también me recuerdo en la casa de mi abuela, ella tenía muchos animales, tenía, eh . . . eh . . . tenía pollos y . . . y tenía . . . también **habían ranas** . . . .") es que el hablante usó *habían* para referirse al sustantivo plural *ranas*. Las reglas gramaticales normativas dicen que hay que usar el verbo en la forma singular (*había*) para presentar sustantivos tanto singulares como plurales:

<u>había</u> un libro; <u>había</u> dos lápices; <u>había</u> treinta plumas

Sin embargo, muchos hablantes pluralizan *haber* cuando el sustantivo es plural:

<u>habían</u> dos lápices; <u>habían</u> treinta plumas

La pluralización de *haber* existencial ocurre no solamente en su forma de imperfecto (*habían*) sino en todas sus formas, como las en el cuadro a continuación:

haber existencial, forma singular	*haber* existencial, forma pluralizada
Ha habido muchos problemas.	
No creo que haya habido 50 mensajes.	
Hubo 25 personas en la fila.	
Dudaba que hubiera seis delfines.	

Algo parecido ocurre en inglés pero al revés. La regla normativa dice que se usa "*there is*" para presentar un sustantivo singular y "*there are*" para presentar un sustantivo plural:

*There **is** one book; there **are** two pencils*

Sin embargo, muchos hablantes – sobre todo en el habla informal – usan el singular para presentar un sustantivo plural:

There's two pencils.   [There's = there is]

Es lo opuesto a lo que ocurre en español, donde muchos hablantes pluralizan el verbo singular (*habían dos ranas*).

Actividad 3.17 Entrevista a dos personas hispanohablantes, que se criaron hablando el español y que no están en esta misma clase contigo. Preséntale las oraciones a continuación **oralmente** y pídeles que te las traduzcan al español, también oralmente. ¡NO vale que escriban sus traducciones, ni que les expliques nada sobre el tema gramatical! Anota sus respuestas completas en otra hoja, y escribe abajo los verbos que usaron (*había* o *habían*). NOTA: Si no usan el verbo *haber* – por ejemplo, si para (1) dicen "Esa clase tenía 23 estudiantes" – repite la oración en inglés poniendo énfasis en "***there were***". Es posible que tu instructor/a te pida que subas los resultados a un archivo compartido entre la clase.

Oraciones	Traducciones	
	Persona 1	Persona 2
1. *In that class,* **there were** *23 students.*	☐ había ☐ habían or ☐ hubo ☐ hubieron	☐ había ☐ habían or ☐ hubo ☐ hubieron
2. *Of them,* **there were** *10 girls and 13 boys.*	☐ había ☐ habían or ☐ hubo ☐ hubieron	☐ había ☐ habían or ☐ hubo ☐ hubieron
3. *Also,* **there were** *15 students who didn't know English.*	☐ había ☐ habían or ☐ hubo ☐ hubieron	☐ había ☐ habían or ☐ hubo ☐ hubieron
4. *But* **there were** *only two teachers who knew any Spanish.*	☐ había ☐ habían or ☐ hubo ☐ hubieron	☐ había ☐ habían or ☐ hubo ☐ hubieron
5. *There* **have been** *many classes like this in that school.*	☐ ha habido ☐ han habido	☐ ha habido ☐ han habido

---

¿Algunas de estas personas usaron una pluralización del verbo *haber* (es decir, usaron *habían* o *han habido*[6] en vez de *había/ha habido*)? De los cuatro verbos, ¿cuántos eran en la forma singular y cuántos en la forma plural?

Para explicar esta pluralización, hace falta entender la diferencia entre un verbo impersonal y los verbos regulares.

Actividad 3.18 Haz una búsqueda en línea usando el término "verbo impersonal" y llena el cuadro a continuación.

Tipo de verbo	Definición	Ejemplos
Regular	Tienen un sujeto (este sujeto puede ser un pronombre personal)	*estar* (yo estoy, tú estás, etc.) *ir* (yo voy, tú vas, etc.)
Impersonal		

Entonces, ¿qué explicación podemos ofrecer para la variación entre *había* y *habían* en los contextos descritos arriba? Para los hablantes que dicen *habían/han habido/hubieron cuatro ranas*, ¿es impersonal el verbo *haber*, o lo están tratando como un verbo regular que concuerda con un sujeto?

La pluralización de *haber* es un fenómeno muy extendido en el mundo hispanohablante. Por ejemplo, como se ve en la Figura 3.3 abajo, estudios en Valencia, España (Gómez Molina, 2013), Caracas, Venezuela (Díaz-Campos, 2003) y el Caribe (San Juan, Santo Domingo, y la Habana, Claes, 2014) muestran que los hablantes producen *haber* presentativo tanto en su forma plural como en su forma singular, aunque la gramática prescriptiva sólo acepta la forma singular.

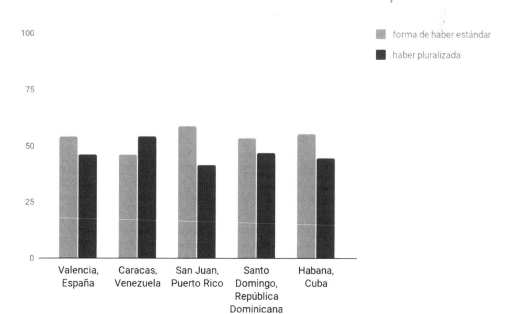

Figura 3.3 Porcentaje de la pluralización de *haber* como verbo presentativo

Aunque la pluralización de *haber* se encuentra a través del mundo hispanohablante, algunos estudios han mostrado que la gente con más educación y más alto el nivel socioeconómico tiende a pluralizar menos. Considera, por ejemplo, los porcentajes de *haber* pluralizado en Caracas encontrados en Díaz-Campos (2003) y presentados en la Figura 3.4 abajo.

- Los hablantes ¿de qué clase social pluralizan más *haber* presentativo?
- Basándote en este resultado, ¿qué predicciones harías sobre el prestigio de esta forma pluralizada?

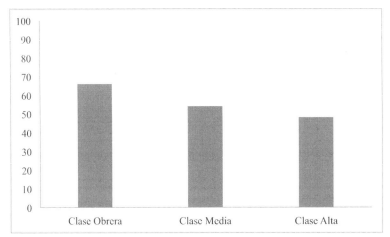

Figura 3.4 Porcentaje de la pluralización de *haber* según la clase social (Díaz-Campos, 2003).

¿Qué opiniones se han manifestado sobre la pluralización de *haber* presentativo? De nuevo, busca en el "Museo de Horrores" del Instituto Cervantes la palabra "habían" y anota lo que dice. Después, lee las seis opiniones a continuación[7] y contesta estas preguntas:

1. ¿Cuáles de las opiniones representan una perspectiva **prescriptivista** y cuáles son **descriptivistas?** Para repasar estos conceptos, ver el Capítulo 1.
2. ¿Estás de acuerdo que sólo se puede "aprender bien" un idioma estudiándolo en la escuela?
3. El uso de la palabra 'analfabetismo' (*illiteracy*) en las opiniones 1 y 5 sugiere que hay que escribir y leer un idioma para saber usarlo bien. ¿Estás de acuerdo con esta idea? Recuerda que multitudes de idiomas en el mundo ni siquiera tienen sistemas de escritura.
4. Elige una (1) de las opiniones prescriptivistas. Escribe cómo un lingüista respondería a ese comentario.
5. Vuelve a tus propias traducciones al comienzo de la sección 3.4. Si usaste *habían* en alguna de ellas, ¿crees que en el futuro evitarás pluralizar el *haber* presentativo? En caso afirmativo, ¿en qué contextos lo intentarás evitar? En caso negativo, ¿por qué piensas seguir usándolo?

Opinión 1:

Anónimo dijo...

Es increíble cómo puede haber gente con tan poco conocimiento de la lengua para que hablen de tal forma, lo malo que de escucharlo en los medios públicos se va expandiendo el analfabetismo lingüístico.

Hiere los oídos escuchar "han habido varias personas"

Opinión 2:

Fasolis dijo...

"han habido varias personas" "hubieron varios niños" son incorrectos. Posiblemente no parezcan mal para un catalanoparlante pero en españolno es sólo que estén mal, es que suenan hasta mal. Lo correcto es: "ha habido varias personas" "hubo varios niños"

Opinión 3:

Soy de ciencias y valencianoparlante, pero me sangra la úlcera cuando gente con estudios o altos cargos de empresas, cometen faltas de ortografía (o verbales) de esa magnitud.

Opinión 4.

Anónimo dijo...

MUY BUENO SABER COMO SE USA LA LENGUA PORQUE ES VERGONZOSO COMO EN LA TELEVISION PRESENTADORAS JOVENES HABLAN COMO SI SUPIERAN DE ALGO Y DAN UNAS IMPRESIONANTES PATADAS Y MALTRATO A LA LENGUA ESPAÑOLA. SE OYE MUCHO DECIR COSAS COMO HAN HABIDO O HABER EN LUGAR DE DECIR A VER; TE FELICITO PORQUE ES VERGONZOSO COMO SE DESTROZA NUESTRA LENGUA(CON PAYASADAS COMO MIEMBRA,LA MEDICA,LA CABALLA EN LUGAR DE YEGUA,LA DOMINANTA EN LUGAR DE LA DOMINANTE...)INCREIBLE PERO CIERTO.

Opinión 5:

Anónimo dijo...

Es increíble el grado de ignorancia y desfachatez al que llegan algunos, que sin tener ni   idea de lo que hablan y no sabiendo siquiera hablar correctamente en español, se reafirman en su ignorancia y se atreven a contradecir las reglas básicas de la lengua española y a dar lecciones a los sabios. ¿Esta gente no tiene sentido del ridículo?

Puestos así y desde el "todo vale", también podrían llegar a decir que 2 + 2 son 5, porque, echándole imaginación, hay un número invisible que hace ascender la suma a 5.

Y no se puede justificar con que depende de la zona donde se hable, porque la lengua española o se habla bien o se habla mal, no hay término medio, y si se cometen incorrecciones tan descomunales como el "han habido", entonces está mal hablada, y a los que las cometen, si no se "acepta" llamarlos analfabetos, habrá que llamarlos cuasianalfabetos o, perfectamente, ANALFABETOS FUNCIONALES, porque es lo que estrictamente son, y es algo que no ofrece discusión.

Yo aprendí las reglas básicas de la lengua española en la escuela, y desde entonces sé hablar correctamente. Esta gente cuasianalfabeta que, en su ignorancia y desfacahtez, aún se atreve a dar lecciones a la gramática elemental española, no se sabe qué tipo de enseñanza habrán recibido, en qué tipo de escuela, o si habrán recibido alguna enseñanza… o quizás no hayan tenido la capacidad mental suficiente para aplicarse.

Pero lo que no se puede tolerar ni por un instante y bajo ningún concepto es que aún se pretendan negar desde la más profunda ignorancia las reglas básicas establecidas de la gramática española, e imponer el analfabetismo funcional a base de escandalosas incorrecciones y barbaridades gramaticales que deforman y alteran obscenamente la lengua española.

Si alguno de estos cuasianalfabetos tiene que volver a la escuela, que lo haga, pero que tenga la vergüenza de no imponer su escandalosa ignorancia.

Opinión 6:

Anónimo dijo...

El escritor de este post se ciñe a la variedad estándar de la lengua. La lengua evoluciona y muta en significantes por las formas en las que interactúa con el resto de culturas con las que se fusiona. No tiene porque ser una "atrocidad" que una persona diga ayi en vez de allí cuando se escribe de manera informal, en un ámbito coloquial. Solo cuando hablamos de ámbitos académicos es que la normativa se vuelve más intransigente con sus reglas. No hay porque discriminar a otros por la forma en la que hablen, siempre y cuando no se utilice en momentos donde se pide explícitamente la variedad formal. Si quieren saber algo más al respecto, les pido que lean la teoría lingüística de Enrique Bernárdez, catedrático en filología de la Universidad Complutense de Madrid.

3.5 El presente del subjuntivo

Además de mostrar tiempo, los verbos pueden tener **modo** (*mood*). Dos de los modos verbales en español son el *indicativo* y el *subjuntivo*. El indicativo se usa para **afirmar** alguna información que se considera real. El subjuntivo, en cambio, se usa cuando **no se afirma** cierta información porque es un deseo, una duda, no ha ocurrido, es una conjetura o se trata de una opinión. Es decir, no existe en el mundo real, sino en uno imaginado (o *irrealis*). En otras palabras, cuando NO se afirma ninguna información, sino que se desea, duda o comenta sobre ella, se usa el subjuntivo.

Actividad 3.19 Lee los ejemplos a continuación y propón por qué se usa el indicativo o el subjuntivo.

Oración	Modo	Se usa este modo porque . . .
a. Me dicen que **vas** a Lima.	Indicativo	□ Se afirma (o no se cuestiona) cierta información. □ Hay deseo/duda/opinión sobre cierta información.
b. (No) Quiero que **vayas** a Lima.	Subjuntivo	□ Se afirma (o no se cuestiona) cierta información. □ Hay deseo/duda/opinión sobre cierta información.
c. Es verdad que **estuvieron** en la fiesta.	Indicativo	□ Se afirma (o no se cuestiona) cierta información. □ Hay deseo/duda/opinión sobre cierta información.
d. Qué mal que (no) **estuvieran** en la fiesta.	Subjuntivo	□ Se afirma (o no se cuestiona) cierta información. □ Hay deseo/duda/opinión sobre cierta información.
e. ¿**Has visto** la película: "*El estudiante*"?	Indicativo*	□ Se afirma (o no se cuestiona) cierta información. □ Hay deseo/duda/opinión sobre cierta información.
f. Me parece extraño que (no) **hayas visto** la película *El estudiante*.	Subjuntivo	□ Se afirma (o no se cuestiona) cierta información. □ Hay deseo/duda/opinión sobre cierta información.

*Hacer una pregunta no es lo mismo que **cuestionar** una proposición.

¿Cómo se forma el subjuntivo? Para conjugar el presente de subjuntivo, solo hay que cambiar la **vocal de la terminación** a la "vocal opuesta" y dejar tomar **la raíz** del verbo. ¿Cuál es la vocal opuesta?

El infinitivo acaba en . . .	Vocal "opuesta"
-ar	-e
-er	-a
-ir	

Y ¿cuál es la raíz del verbo?

Para formar el subjuntivo de:	Se toma como raíz:
yo, tú/vos, ella/él/usted, ellas/ellos/ustedes	1ª persona <u>singular</u> del presente de indicativo
nosotros, vosotros	1ª persona <u>plural</u> del presente de indicativo

Actividad 3.20 En el cuadro a continuación hay unos ejemplos. Conjuga los verbos que faltan. Es buena idea poner "que" delante de los verbos conjugados en el subjuntivo para recordar cómo se suelen usar.

Infinitivo	Vocal "opuesta"	1ª persona singular presente indicativo (**raíz** en negritas)	Presente subjuntivo, yo, tú/vos, ella/él/ usted y ellas/ ellos/ustedes	1ª persona plural presente indicativo (**raíz** en negritas)	Presente subjuntivo, nosotros/as, vosotros/as
comer	-a	yo **com**o	(que) yo **com**a (que) tú **com**as (que) ella **com**a (que) ellos **com**an	nosotros **com**emos	(que) nosotros comamos (que) vosotros comáis
poder	-a	yo **pued**o	(que) yo **pued**a (que) tú **pued**as (que) ella **pued**a (que) ellos **pued**an	nosotros **pod**emos	(que) nosotros **pod**amos (que) vosotros **pod**áis
jugar	-e	yo **jue**go	(que) yo **jue**gue (que) tú **jue**gues (que) ella **jue**gue (que) ellos **jue**guen	nosotros **jug**amos	(que) nosotros . . . (que) vosotros . . .
estar	-e				
comenzar					

También hay verbos **irregulares,** en los cuales todas las formas tienen como raíz la 1ª persona singular del presente.

Actividad 3.21 Llena el cuadro para ver de dónde vienen las formas del presente subjuntivo de estos verbos irregulares.

Infinitivo	Vocal "opuesto"	1ª persona singular presente indicativo (raíz en negritas)	Presente subjuntivo, todas las formas verbales
decir	-a	yo **dig**o	(que) yo diga (que) tú digas (que) ella diga (que) nosotros digamos (que) vosotros digáis (que) ellos digan
tener	-a		(que) yo (que) tú (que) ella (que) nosotros (que) vosotros (que) ellos

parecer			(que) yo (que) tú (que) ella (que) nosotros (que) vosotros (que) ellos
oír			(que) yo (que) tú (que) ella (que) nosotros (que) vosotros (que) ellos
pedir			(que) yo (que) tú (que) ella (que) nosotros (que) vosotros (que) ellos

Por último, hay algunos verbos cuya forma subjuntiva no se deriva de ninguna de estas dos maneras, como en la Actividad 3.22.

Actividad 3.22 Busca por Internet las formas del presente indicativo y del presente del subjuntivo de *ir, ser,* y *haber*:

ir

Persona	Indicativo		Subjuntivo	
	singular	plural	singular	plural
1a persona	voy	vamos	que yo vaya	que nosotros vayamos
2a persona	vas	vais		
3a persona	va	van		

ser

Persona	Indicativo		Subjuntivo	
	singular	plural	singular	plural
1a persona	soy	somos	que yo sea	que nosotros seamos
2a persona	eres	sois		
3a persona	es	son		

haber

Persona	Indicativo		Subjuntivo	
	singular	plural	singular	plural
1a persona	he	hemos	que yo haya	que nosotros hayamos
2a persona	has	habéis		
3a persona	ha	han		

Ya hemos visto las maneras normativas de formar el presente del subjuntivo. Ahora nos fijaremos en tres conjugaciones muy comunes pero que las fuentes gramaticales oficiales rara vez reconocen:

1. *haiga* en vez de *haya*:

haya ~ haiga	*hayamos ~ haigamos*
hayas ~ haigas	*hayáis ~ haigáis*
haya ~ haiga	*hayan ~ haigan*

Es importante notar que esta forma del subjuntivo ocurre tanto con *haber* presentacional como con *haber* auxiliar:

Uso de *haber*	Ejemplo
Presentacional	Es importante que **haiga** acuerdo.
	Insisten en que **haiga/haigan*** 25 sillas.
Auxiliar	Es importante que **haiga** comido antes.
	¿Es posible que te **haigas** olvidado?

* ¿Qué otro fenómeno ocurre en este ejemplo, que vimos anteriormente en el presente capítulo?

¿De dónde viene la forma *haiga*"? Las formas con 'g' *haiga, haigas*, etc. son arcaicas y son el resultado de un proceso parecido a lo que mencionamos sobre la inserción de la – s en la segunda persona singular del pretérito (*comiste → comistes*). Tiene que ver con los verbos de alta frecuencia como *hacer* y *decir*. Estos verbos acaban en – *go* en la primera persona singular del indicativo (*hago, digo*) y en – *ga, -gas, -gamos, -gais, -gan* en el subjuntivo (*haga, hagas, diga, digas*, etc.).

Infinitivo	1a persona singular, indicativo	Presente subjuntivo	
hacer	hago	que yo haga	que nosotros hagamos
		que tú/vos hagas	que vosotros hagáis
		que ella haga	que ustedes hagan
decir	digo	que yo diga	que nosotros digamos
		que tú/vos digas	que vosotros digáis
		que ella diga	que ustedes digan

En la época en que el español se estaba formando a base del latín, estos verbos frecuentes tuvieron un impacto importante: los hablantes asociaban la g con las formas de la primera persona singular en el presente de indicativo y también con todas las formas del presente de subjuntivo. Por lo tanto, empezaron a insertar la g donde no ocurría antes. Por ejemplo, *yo venio* cambió a ser *yo vengo* y *yo tenio* cambió a ser *yo tengo*. Fue entonces que se empezó a decir *haiga* en vez de *haya*. Hay otros verbos que hacen lo mismo. Por ejemplo, a veces se escucha *vaiga* en vez de *vaya*. Mientras las formas con g se han conservado en *haiga* y *vaiga*, en otros verbos desparecieron con el tiempo. Por ejemplo, antes se alternaba entre *destruiga* y *destruya*, pero *destruiga* cayó en desuso (Johnson & Barnes, 2013).

En resumen, algunos verbos en su historia agregaron una – g en el subjuntivo y se quedó en la forma prestigiosa hasta hoy. Los verbos *haber* e *ir* también adquirieron una – g pero posteriormente se perdió en el habla culta. Y en otros verbos, la – g desapareció con el tiempo.

2. Regularizaciones:

Es muy común que se regularicen los paradigmas verbales. Vimos antes, por ejemplo, que agregar una – s a la 2ª persona singular del pretérito (*tú comistes*) es una regularización porque todas las demás conjugaciones de *tú* llevan una – s final. ¿Cómo se regulariza el presente del subjuntivo? Ya sabemos que las formas de la 1ª persona plural del subjuntivo tienen como raíz la 1ª persona plural del indicativo:

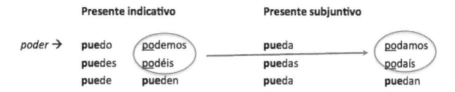

	Presente indicativo		**Presente subjuntivo**	
poder →	**pued**o	**po**demos	**pued**a	**po**damos
	puedes	**po**déis	**pued**as	**po**dáis
	puede	**pued**en	**pued**a	**pued**an

También vimos en la Actividad 3.22 que muchos verbos tienen como raíz la 1ª persona singular del indicativo (*digo → digamos, tengo → tengamos*, etc.). Entonces, algunos hablantes de México y del sureste de Estados Unidos extienden este patrón a otros verbos. En el caso del verbo *poder*, en vez de usar como base la raíz de la 1ª persona plural (*po-*), usan la raíz de la 1ª persona singular (*pue-*). Aquí hay más ejemplos:

Infinitivo	La forma normativa		La forma estigmatizada	
	1ª persona plural, presente del indicativo	1ª persona plural, presente del subjuntivo	1ª persona singular, presente del indicativo	2ª persona singular, presente del subjuntivo
poder	**pod**emos →	que nosotros **po**damos	**pue**do →	que nosotros **pue**damos/**pué**damos[8]
perder	**perd**emos →	que nosotros **per**damos	**pier**do →	que nosotros **pier**damos/**pié**rdamos
cerrar	**cer**ramos →			
volar				

Actividad 3.23 Traduce estas seis oraciones como tú normalmente las dirías en español.

1. I don't think that you have hidden my keys.
2. I don't think there are many students here.
3. It's not our fault that we haven't had enough time.
4. They want us to understand (*entender*) the problem.
5. He doubts that we can do it correctly.
6. Please work hard so that we don't lose!

Actividad 3.24 Ahora, pregúntales a tres (3) personas que se criaron hablando español que traduzcan, oralmente o por escrito, las mismas oraciones. Si lo hacen oralmente, debes anotar con mucho cuidado *exactamente* lo que dijeron. Anota en el cuadro a continuación solo el verbo (en negritas) usado por cada persona. Es posible que tu instructor/a te pida que subas los resultados a un archivo compartido entre la clase.

Oración	Persona 1	Persona 2	Persona 3
1. *I don't think that you **have hidden** my keys.*	□ hayas □ haigas	□ hayas □ haigas	□ hayas □ haigas
2. *I don't think **there are** many students here*	□ haya □ haiga	□ haya □ haiga	□ haya □ haiga
3. *It's not our fault that **we haven't had** enough time.*	□ hayamos □ haigamos	□ hayamos □ haigamos	□ hayamos □ haigamos
4. *They want us to **understand** the problem.*	□ entendamos □ entiendamos □ entiéndamos	□ entendamos □ entiendamos □ entiéndamos	□ entendamos □ entiendamos □ entiéndamos
5. *He doubts that **we can** do it correctly.*	□ podamos □ puedamos □ puédamos	□ podamos □ puedamos □ puédamos	□ podamos □ puedamos □ puédamos
6. *Please work hard so that **we don't lose**!*	□ perdamos □ pierdamos □ piérdamos	□ perdamos □ pierdamos □ piérdamos	□ perdamos □ pierdamos □ piérdamos

Después, toda la clase debe recopilar los resultados en una hoja máster. ¿Cuáles son las tendencias de la gente entrevistada?

Y ¿cuáles son las actitudes sociales hacia formas como *haiga* y *puédamos*? Consulta la página web del libro que corresponde al Capítulo 3 en (http://potowski.org/gramatica_variacion_enlaces_3) y mira bajo actitudes *haiga/puédamos*. Elige dos o tres de las opiniones y escribe una respuesta que podría redactar un/a lingüista a esas críticas.

3. Por último, otra variación en el presente del subjuntivo es su uso después de la palabra *si*. La gramática prescriptiva indica que cuando hablamos en el tiempo presente, se usa el *indicativo* después de la palabra *si*, como en los ejemplos siguientes:

Si **llegas** tarde, te espero.
No sé si **tienes** un momento para ayudarme.

También dicen que si se va a usar el subjuntivo después de *si*, tiene que tratarse del algún tiempo pasado:

Si **llegaras** tarde, te esperaría.

Sin embargo, existe variación entre el indicativo y el subjuntivo en el contexto "no sé si".

Actividad 3.25 Ve al *Corpus del español* (www.corpusdelespanol.org/web-dial/). Haz una búsqueda con la frase "no sé si" + un verbo en el indicativo y después en el subjuntivo. Por ejemplo, nosotras encontramos 86 ejemplos de "no sé si conoces" y 3 ejemplos de "no sé si conozcas". ¿En qué lugares se usa?

Por último, pensando en el significado del subjuntivo (dijimos que es para *no afirmar* cierta información), ofrece una explicación por el uso del subjuntivo después de *no sé si*.

En México, es muy común escuchar el presente del subjuntivo después de *no saber si*. Se ha propuesto que se trata de una manera de suavizar una pregunta volviéndola indirecta.

Pregunta indirecta	Pregunta directa
No sé si usted tenga el número que necesito.	¿Tiene usted el número que necesito?
No sé si quieras venir a ayudarme.	¿Quieres venir a ayudarme?

¿Te suenan naturales estas frases? ¿Las podrías decir así en tu dialecto del español?

3.6 El imperfecto del subjuntivo (*-ra* y *-se*)

¿Cómo se forma el subjuntivo cuando se refiere a un evento en el pasado? Para conjugar el llamado *imperfecto de subjuntivo*, añadimos *-ara* o *-iera* a la raíz del verbo – en este caso, la raíz viene de la **tercera persona plural** – más las desinencias de cada persona gramatical.

El infinitivo acaba en . . .	Se añade	Ejemplo
-ar	-ara	*bailara*
-er	-iera	*comiera*
-ir		

Actividad 3.26 En el cuadro a continuación hay más ejemplos. Conjuga los verbos que faltan.

Infinitivo	3ª persona plural pretérito (raíz en negritas)	Imperfecto de subjuntivo	
comer	ellas **com**ieron	(que) yo **com**iera (que) tú **com**ieras (que) ella **com**iera	(que) nosotros **com**iéramos (que) vosotros comierais (que) ellos **com**ieran
poder	ellas **pud**ieron	(que) yo **pud**iera (que) tú **pud**ieras (que) ella **pud**iera	(que) nosotros pudiéramos (que) vosotros pudierais (que) ellos **pud**ieran
jugar	ellas **jug**aron	(que) yo **jug**ara (que) tú **jug**aras (que) ella **jug**ara	(que) nosotros **jug**áramos (que) vosotros jugarais (que) ellos **jug**aran
estar			
pedir			
comenzar			

Actividad 3.27 Más práctica con el imperfecto del subjuntivo. En los siguientes ejemplos llena los espacios con el infinitivo conjugado en el imperfecto del subjuntivo.[9]

1. No quería que (*tú ir*) _____ de viaje porque sabía que te iba a extrañar.
2. La profesora nos dijo que (*nosotros estudiar*) _____ mucho.
3. Mis padres me regalaron un billete de avión para que yo los (*visitar*) _____ durante las vacaciones el año pasado.
4. Aunque sabíamos que era posible que (*llover*) _____, igual fuimos a la playa.
5. Huimos antes de que ellos nos (*ver*) _____.

Acabamos de afirmar que se forma el imperfecto de subjuntivo con *-ara* y *-iera*. Sin embargo, hay otra manera de expresar el imperfecto de subjuntivo.

Actividad 3.28 Lee los textos a continuación, fijándote en los seis verbos subrayados. Después, completa el cuadro a continuación.

1. "Ese desconocido que no tiene nombre propio, pero sí existencia, una realidad que es una invención: no existía antes de que yo <u>escribiese</u>. El poeta es el inventor de su propia existencia. (Entrevista con Octavio Paz, Sheridan, 2004).
2. "En fin, el de la plática fue disponer Carriazo la voluntad de Avendaño de manera que determinó de irse con él a gozar un verano de aquella felicísima vida que le había descrito, de lo cual quedó sobremodo contento Carriazo, por parecerle que había ganado un testigo de abono que <u>calificase</u> su baja determinación. Trazaron, ansimismo [sic], de juntar todo el dinero que <u>pudiesen</u>; y el mejor modo que hallaron fue que de allí a dos meses había de ir Avendaño a Salamanca, donde por su gusto tres años había estado estudiando las lenguas griega y latina, y su padre quería que <u>pasase</u> adelante y <u>estudiase</u> la facultad que él <u>quisiese</u>, y que del dinero que le <u>diese</u> habría para lo que deseaban." (*La ilustre fregona* por Miguel de Cervantes Saavedra, 1613).

Ejemplo	Infinitivo	Pasado del subjuntivo	
		Forma más común: -ra	**Otra forma: -se**
1.	*escribir*	escribiera	escribiese
	calificar		
2.	*poder*		
	pasar		
	estudiar		
	querer		
	dar		

De estas dos formas, *-se* es la más antigua. Desde el Siglo XIII, la forma con *-ra* ha venido reemplazando la forma *-se* poco a poco. Hoy en día, las formas con *-se* todavía se encuentran tanto en la lengua hablada como en la lengua escrita (Roseyemer & Schwenter, 2017).

Sin embargo, hemos visto con *vide*, *truje*, *haiga*, etc. que a veces las formas arcaicas llevan estigma y se desprecian. En cuanto al *-se* y *-ra* tenemos una situación opuesta: la forma arcaica, *-se*, parece gozar de más prestigio. Valeš (2006) estudió la variación entre *-ra* y *-se* en Granada, España. Encontró que *-se* es más común en los textos escritos y formales que en

los textos orales e informales, como se ve en la Figura 3.5.[10] También pidió a la gente grana-
dina su opinión sobre estas formas. Los comentarios indican que algunas personas hacen un
esfuerzo de usar *-se*. Se puede interpretar estos resultados como evidencia que en Granada la
forma *-se* es considerada más formal y más prestigiosa.

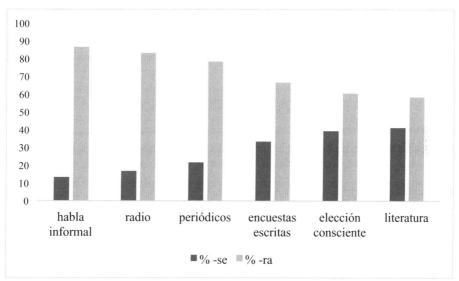

Figura 3.5 Proporción de uso de *-se* en diferentes estilos (de Valeš, 2006)

Actividad 3.29

Paso 1. Entrevista a dos personas de España y pídeles que llenen los espacios en las
siguientes oraciones. Pídeles que usen los verbos entre paréntesis:

1. La chica saldría a bailar si ella (ser) _____ menos tímida.
2. El estudiante habría sacado mejores notas si él (haber estudiado) _____ más.
3. Seguro que nuestra amiga querría salir con nosotras si ella (estar) _____ aquí.
4. Me compraría una casa grande si yo (tener) _____ mucho dinero.
5. Viajaría mucho si no yo (trabajar) _____ tanto.
6. Mi profesora quería que yo (escribir) _____ más.
7. Yo no quería que (llover) _____ durante mis vacaciones.

Paso 2. Después de llenar los espacios, pregunta qué forma les suena mejor en las siguientes oraciones.

1. Si mi amigo <u>hubiera/hubiese</u> podido, habría venido a la fiesta.
2. Si la profesora <u>fuera/fuese</u> más exigente, nos daría más tarea.
3. Si el perro <u>estuviera/estuviese</u> en casa, no nos habrían robado.
4. Si mi mamá <u>ganara/ganase</u> la lotería, compraría una casa grande.
5. Si el hombre <u>cantara/cantase</u> mejor, podría ganar un premio.
6. Si tu amiga te <u>dijera/dijese</u> a dónde iba, te sorprenderías.

Parte 3. Contesta las preguntas a continuación

1. ¿Qué forma usaron más en el Paso 1, *-ra* o *-se*?
2. ¿Qué forma les sonó mejor en el Paso 2, *-ra* o *-se*?
3. ¿Encontraste que el uso y/o la preferencia por la forma *-se* fue más frecuente con los verbos *ser, estar, haber* (*fuese, estuviese, hubiese*) que con los otros verbos (*cantar, ganar, trabajar, etc.*)?
4. ¿Por qué puede ser que tiene prestigio la forma arcaica *-se* mientras otras formas arcaicas como *vide* y *truje* se desprecian? En tu respuesta, considera la cita sobre los arcaísmos que vimos en la sección sobre *vide* y *truje* del blog 'castellano y algo más'. Repetimos aquí la parte más relevante: " . . . algunos [arcaísmos] perduran en el habla de las zonas rurales (pasaron a ser marcas del lenguaje rústico) o en el habla de personas poco instruidas (pasaron a considerarse vulgarismos)."

3.7 Oraciones con *si* con condiciones hipotéticas

Imagínate que no tienes mucho dinero pero sueñas con tener más, y a menudo piensas en lo que harías si lo tuvieras. Quizás dirías *Si tuviera mucho dinero, me compraría una casa grande* o *Si tuviera mucho dinero, viajaría por el mundo*. Todo lo que harías con el dinero depende de una **condición hipotética** o irreal – es decir, no es verdad en el presente (no tienes el dinero). La condición es lo que sigue la palabra *si* (sin acento),[11] y lo que sigue la condición es el resultado, es decir, lo que pasaría si la condición fuera verdad. En la gramática se llama la parte de la oración que empieza con *si* **la prótasis** y la parte de la oración que contiene el resultado **la apódosis**.

Término	Explicación	Ejemplo
la prótasis	La parte hipotética; empieza con *si*	Si tuviera mucho dinero
la apódosis	El resultado de la condición hipotética	Compraría 20 libros de gramática

Actividad 3.30 Lee los siguientes ejemplos y completa el cuadro que los sigue.

1. Si supieras la verdad, te enojarías.
2. Te contaría todo si fuéramos mejores amigas.
3. Si los estudiantes estudiaran más, sacarían mejores notas.
4. ¿Compartirías tu comida conmigo si no tuviera nada de comer?
5. Si ella quisiera, podría ganar el maratón.

	Condición hipotética (prótasis)	Resultado (apódosis)
1.		
2.		
3.		
4.		
5.		

En la Actividad 3.30 habrás notado que se usó el imperfecto de subjuntivo en la prótasis (*si tuviera, si quisiera, si fuéramos*)[12] y en la apódosis se usó la forma verbal llamada **el condicional**. Para saber cómo se forma el condicional, es útil repasar el concepto del verbo

infinitivo. Recuerda del apartado 3.1 que el infinitivo siempre acaba en -*ar*, -*er* o -*ir*. Por ejemplo, *comprar*, *dejar*, y *volver* son infinitivos.

Actividad 3.31 Copia de la Actividad 3.30 los verbos conjugados en el condicional y separa el infinitivo de la desinencia (la parte final de la palabra).

Sujeto	forma condicional	infinitivo	desinencia del condicional
1. tú	enojarías	enojar	ías
2.			
3.			
4.			
5.			

Sin embargo, notamos que agregar -*ía* al infinitivo del verbo *poder* no funciona (*podería). El condicional de este verbo no es *podería* sino *podría*. Igual al verbo *poder*, los verbos en la Actividad 3.32 son irregulares.

Actividad 3.32 Apunta la forma que corresponde a la primera persona singular del condicional de cada verbo irregular a continuación. Si no lo sabes, puedes consultar un conjugador en línea.

1. poder → *yo podría*
2. decir
3. haber
4. hacer
5. poner
6. querer
7. saber
8. salir
9. tener
10. valer
11. venir

Actividad 3.33 Termina las oraciones usando verbos conjugados en el *condicional* para mostrar qué pasaría en cada situación hipotética.

Prótasis	Apódosis
1. Si yo tuviera mucho dinero . . .	
2. Si no es diera regalos, mis papás . . .	
3. Si nos molestaran mucho los vecinos, nosotros . . .	
4. Si él te cantara esas canciones dulces, tú . . .	
5. Si mi amiga viviera más cerca, yo . . .	

Vamos a ver que hay mucha variación en cuanto a las formas verbales que se usan en las oraciones con *si* con condiciones hipotéticas. Empezamos con una variación muy común en la prótasis.

Actividad 3.34 Lee los ejemplos a continuación[13] y llena el cuadro que sigue. ¿Cómo desvían estos verbos de los ejemplos que vimos en la Actividad 3.30?

1. Yo pienso que si me **ofrecerían**, qué sé yo, otro horizonte, yo vendría, lógico.
2. Si a él se le **darían** circunstancias, él iría a la provincia.
3. Yo, a mí, si me **darían**, yo me iría a Mar del Plata.
4. Saben que también si ellos **estarían** en peligro, también nosotros ayudaríamos.
5. Si yo no **tendría** este hogar, faltaría algo.
6. Es como si **estaría** sucio, pero no, es el color.
7. Es como si **quedaría** muerto, ¿no?, pero no importa porque ya no me vuelve a molestar.
8. Ahora si yo me **volvería** joven, me dirían, "Te vas a volver joven, Joaquina . . ."
9. Sería feliz si no **tendría** este dolor.
10. Si **ganaría** otro partido, no me importaría mucho.
11. Si **tendría** que llegar a mi casa, pues tendría que coger un taxi.
12. Si un mes no me **pagarían**, pues lo dejaría pasar . . .

	Prótasis	Tiempo verbal	Apódosis	Tiempo verbal
1.				
2.				
3.				
4.				
5.				
6.				
7.				
8.				
9.				
10.				
11.				
12.				

¿Qué muestran estos ejemplos? Muestran que en algunos dialectos, después de *si* (en las prótasis) es común usar el _____ en vez del _____.

Este es un fenómeno muy común, pero a pesar de ello es una manera de hablar estigmatizada. La Real Academia en su *Diccionario panhispánico de dudas* escribe:

"Debe evitarse el uso en la prótasis del condicional . . . propio de hablantes españoles del País Vasco y zonas limítrofes como Navarra, Burgos, Cantabria y La Rioja, y que también se da en algunas zonas de América: *Si tendría dinero, me compraría un coche.*"[14]

La lingüista argentina Beatriz Lavandera cuenta una historia sobre una mujer periodista entrevistada en la radio. Usó la forma condicional en una prótasis y el entrevistador la corrigió "en un estilo propio de un maestro de escuela" (Lavandera, 1979: 115). La periodista mencionó el 'error' al final de la entrevista y prometió no volver a cometerlo. Encontramos también ejemplos más recientes, como éste de 13 enero 2018 en que una mujer comenta sobre un blog[15] escrito sobre el tema. Lee el ejemplo y responde a las preguntas a continuación.

1. ¿Qué piensas sobre el hecho de que el entrevistador corrigió a la periodista?
2. ¿Alguna vez has tenido esta experiencia de que te hayan corregido? ¿Cómo te sentiste?

Marina en **13 enero, 2018 en 22:55** dijo:

Ese habría, en lugar de hubiera, qué mal suena! Y lo peor es que
académicos e intelectuales se confunden y usan el condicional en lugar
del subjuntivo…

3. ¿Qué le dirías a alguien si te dijera que deberías usar el imperfecto de subjuntivo después
de *si* en los contextos arriba citados?

En las oraciones con *si* con situaciones hipotéticas también hay mucha variación en las
apódosis (la parte de la oración que contiene el resultado).

**Actividad 3.35 Lee los ejemplos a continuación[16] y completa el cuadro que los sigue.
Después, indica cómo desvían estos verbos de los ejemplos que vimos en la Actividad 3.30.**

1. Si ella estaría sola, se arreglaba con ese dinero.
2. Si me darías mil pesetas, en casita me estaba.
3. Si tuviera un hijo pequeño, pues a lo mejor estaba en mi casa con mi hijo.
4. Si todo el mundo estuviera con suerte, no habían[17] sufrimientos en la tierra.
5. Si tuviera un hijo pequeño, no tuviera la tristeza que tengo.
6. Si allá pusieran trabajos allá yo pienso que la gente viviera más cómodamente.

	Prótasis	Tiempo verbal	Apódosis	Tiempo verbal
1.				
2.				
3.				
4.				
5.				
6.				

Preguntas

1. ¿Qué muestran estos ejemplos? Muestran que es común en algunos dialectos usar el
_____ o el _____ en vez del _____ en
las apódosis.
2. ¿Cómo te suenan los ejemplos de la Actividad 3.35?

Parece que el uso del imperfecto de indicativo (*estaba*) en vez del condicional (*estaría*) en
la apódosis es menos estigmatizado que el usar un condicional en la prótasis. Es decir, una
oración como (a) parece ser menos estigmatizada que la versión en (b):

a. Si tuviera mucho dinero, **compraba** una casa. → menos estigmatizado
b. Si **tendría** mucho dinero, compraría una casa. → más estigmatizado

Por ejemplo, en la página de web www.fundeu.es en el "buscador urgente de dudas" se encuentra lo siguiente en una respuesta a una pregunta sobre *yo que tú,* :

> "La expresión *yo que tú* tiene valor condicional, equivale a "Si yo fuera tú . . ." o a "En tu lugar, yo . . .". Se puede construir con el verbo **en condicional o en imperfecto** . . . . "Si yo fuera tú, no lo **haría**", "En tu lugar, yo la **escucharía**", "Pues yo que tú no **dudaba** en comprarlo"."

Aún así, se puede encontrar ejemplos en el internet de gente que se molesta al oírlo, como lo que se puede observar en las respuestas a una pregunta que planteó "Wladimir" en wordreference.com:

Wladimir
Senior Member

Rusia

Estimados foreros:

Hagan el favor de sacarme de una duda más.

Éste es un diálogo sacado de un manual de español para extranjeros:

Policía:Estuvo aquí ese que dice que está dispuesto a declalrar sobre el homicidio dela calle de Torrijos.

Inspector:Vaya, de haberlo sabido, no me movía de aquí esta mañana.

A decir verdad, a mi parecer, la forma de respuesta del inspector es algo extraña. Ya que se refiere a una acción irreal, yo en su lugar, diría·

De haberlo sabido, no me hubiera (habría) movido de aquí esta mañana.

Como me parece poco probable que hubiera un error en un manual, creo que aquí tenemos una manera de hablar que desconozco.

¿Será un ejemplo de habla coloquial o qué?

Gracias anticipadas y un saludo.

A esta pregunta, algunos respondieron diciendo que "no me movía" les sonaba incorrecto en este contexto:

juanitacalamita
Senior Member

La montaña de León,
España
Spanish - Spain

Hola a todos. He oído alguna vez esa estructura (de haberlo sabido no me movía) y siempre he creído que era incorrecta. Personalmente me suena fatal. Las dos opciones que propone Wladimir son correctas (hubiera movido/habría movido). La respuesta de mokka2 me hace dudar ahora a mí también, así que ¿alguien puede despejarnos la duda?
Un saludo.

juanitacalamita, Oct 13, 2013   #5

Otras dos mujeres de España estaban de acuerdo. Una escribió:

> "A mí también me suena mal e incorrecto, aunque es cierto que tiene su uso. Sí, *es incorrecto*; digamos que un uso no estándar."

Otra indicó:

"Es incorrecto, aunque a veces se escuche (o se escriba, por lo que se ve) por ahí."

Y una mujer de Sonora, México añadió:

"*Movía*, en este caso, es incorrecto. Y además de que es incorrecto, nadie lo usa de ese modo."[18]

Sin embargo, otros dijeron que no les sonaba mal. Un hombre desde Madrid apuntó:

"A mí no me suena mal lo juro. Y me suena normal."

Un argentino escribió:

"Para mí el uso mencionado del imperfecto indicativo en lugar del imperfecto . . . del subjuntivo no es subestándar, coloquial/familiar sí."

Después de leer estas respuestas a la pregunta de Wladimir, contesta estas preguntas:

1. Casi todos estuvieron de acuerdo que habían escuchado ejemplos como *de haberlo sabido*, *no me movía* menos una persona. ¿De dónde era esa persona? ¿Por qué crees que dijo que nadie usa el imperfecto en este contexto?
2. Ofrece una posible razón por las diferentes perspectivas de la gente que respondió a Wladimir. ¿Por qué a algunos les 'sonó mal' mientras a otros no?
3. ¿Qué tal te sonaron a ti el ejemplo de Wladimir y los ejemplos de la Actividad 3.35? ¿Qué piensas ahora de esa reacción inicial tuya?

3.8 *Ser* y *estar*

Dos de los verbos más frecuentes en español son *ser* y *estar*.

Actividad 3.36 Usando un conjugador de verbos por internet, llena el Cuadro 3.1 con las formas verbales de *ser* y *estar* en el tiempo presente.

Cuadro 3.1 *ser* y *estar* en el presente simple

Sujeto	ser	estar
yo		
tú	*eres*	
vos	*sos*	*estás*
ella, él, usted		
nosotros, nosotras		*estamos*
ellas, ellos, ustedes		

Actividad 3.37 Ahora usando estas formas, elige la conjugación correcta de *ser* o *estar* en las nueve oraciones siguientes. También traduce al inglés la forma de *ser* o *estar* que elegiste.

Oración	Forma de *ser* o *estar*	Traducción de ser o estar al inglés
1. Yo _____ estudiante en la universidad.		
2. Yo _____ en el parque ahora.		
3. Nosotros _____ estudiantes.		
4. Nosotros _____ en el parque ahora.		
5. Esta lección no _____ fácil de entender.		
6. Tú _____ acostumbrado a leer mucho.		
7. Tú _____ estudiante en la universidad.		
8. Ellas _____ mujeres muy elegantes.		
9. Ellas _____ en el parque ahora.		

¿Qué verbos se usarían en inglés en estos contextos? Como habrás notado, no existe la diferencia entre *ser* y *estar* en inglés.

¿Cómo se conjugan *ser* y *estar* en el pasado? En el pretérito los dos son irregulares. En el imperfecto *ser* es irregular, mientras *estar* es regular.

Actividad 3.38 En el Cuadro 3.2, llena los espacios con las formas verbales con *ser* y *estar* en el pretérito y el imperfecto.

Cuadro 3.2 *ser* y *estar* en el pretérito y el imperfecto

PRETÉRITO		
Sujeto	***ser***	***estar***
yo	*fui*	*estuve*
tú		
vos		
ella, él, usted	*fue*	
nosotros, nosotras		*estuvimos*
ellas, ellos, ustedes		*estuvieron*
IMPERFECTO		
Sujeto	***ser***	***estar***
yo	*era*	
tú		*estabas*
vos		

ella, él, usted		
nosotros, nosotras		*estábamos*
ellas, ellos, ustedes	*eran*	

Actividad 3.39 Ahora llena los espacios con la forma verbal de *ser* o *estar* en el pretérito o en el imperfecto para que cada oración tenga sentido.

Oración	Forma de *ser* o *estar*	Traducción de *ser* o *estar* al inglés
1. Mi mamá _____ profesora, pero ya se jubiló.		
2. Mi mamá _____ en el parque ayer.		
3. ¿Ayer _____ (tú) en casa?		
4. Nosotros _____ a punto de cenar cuando me llamaste.		
5. Ella _____ aquí en el año 2008.		

En inglés se traduciría 1 y 2 como *my mom was*. Es decir, no existe la diferencia entre *ser* y *estar* en inglés. Pero en español sí, son verbos distintos. ¿Qué significan? En general:

- Se usa *ser* para definir palabras o conceptos, describir las características de un objeto, definir, clasificar, o identificar un objeto.
- Se usa *estar* para localizar objetos en el espacio y describir el estado en que se encuentra un objeto.

Butt & Benjamin (2011: 408) describe la diferencia de manera sencilla:

"Básicamente se usa *ser* para contestar preguntas sobre *quién* es alguien o *qué* [o *cuál*] es algo, mientras *estar* se usa para responder a preguntas sobre *dónde, cómo,* o *en qué condición* está algo."

Por ejemplo, los siguientes enunciados con formas de *ser* pueden ser respuestas a las preguntas ¿Quién es?, ¿Qué es?, o ¿Cuál es?

1. ¿Quién es? → Ella es mi amiga.
2. ¿Qué es? → Mi amiga es maestra.
3. ¿Qué es? → Es un libro de gramática.
4. ¿Cuál es la capital de Paraguay? → Es Asunción.

En contraste, los siguientes enunciados con formas de *estar* pueden ser respuestas a las preguntas ¿dónde? ¿cómo? o ¿en qué condición?'

1. ¿Dónde estaban ustedes? → Nosotros estábamos en la fiesta.
2. ¿Dónde estás? → Estoy en mi oficina.

3. ¿Cómo están los niños? → <u>Están</u> muy contentos.
4. ¿En qué condición está tu amiga? → <u>Está</u> embarazada. Dará a luz en tres meses.

Tanto *ser* como *estar* puede aparecer con un **adjetivo**. Los adjetivos son palabras que describen sustantivos (si quieres, busca y mira el video "Schoolhouse Rock adjectives"). Por ejemplo, el adjetivo *contentos* en ejemplo (3) describe a *los niños* y el adjetivo *embarazada* en (4) describe a *mi amiga*. Los adjetivos concuerdan en número y género con el sustantivo al cual se refieren. El adjetivo *contentos* es masculino y plural en (3) porque se refiere a *niños*, que también lo es. El adjetivo *embarazada* es femenino y singular porque se refiere a *amiga*.

Actividad 3.40 Decide si las palabras subrayadas son adjetivos o no.

Ejemplo	¿Es adjetivo?	Ejemplo	¿Es adjetivo?
1. El niño es muy <u>alto</u>.		5. Hay <u>muchos</u> estudiantes en esta clase.	
2. Ellos comen <u>mucho</u>.		6. Prefiero tener amigos <u>amables</u>.	
3. La gente <u>antipática</u> no me cae bien.		7. Me gustan esos <u>chistes</u>.	
4. Los tres <u>tristes</u> tigres comen trigo en un <u>trigal</u>.		8. Es una <u>tristeza</u> que despreciamos la manera de hablar de algunas personas.	

En general cuando se usa un adjetivo con *ser*, es una descripción de algo permanente, mientras con *estar* es una condición temporal. Considera los siguientes ejemplos de Bessett (2015) producidos por mexicanos en Hermosillo:

3a. Sí, lo que pasa es que vivíamos en el valle de Mexicali y allá **es** muy **calmado**, nada que ver con la ciudad.
3b. Ella también salió a tomar, y yo sufrí mucho hasta después que ya se casó, ahorita como que ya **está calmada**.

En 3a se entiende que *ser calmado* es una condición algo permanente (no se está comparando con ninguna condición diferente). En 3b el uso de *estar* conlleva el significado de que ha habido un cambio y, por lo tanto, es una condición menos permanente (antes no estaba calmada).

Los libros de la gramática suelen mencionar algunos adjetivos con los cuales siempre se espera el uso de *ser* y no se espera *estar* (Camacho, 2012), como en los siguientes ejemplos donde se espera la versión a, pero no se espera la versión b (por eso viene marcado con el símbolo de interrogativa "?").

4a. Este curso **es difícil**.
4b. ?Este curso **está difícil**.

5a. **Es posible** que saque buena nota.
5b. ?**Está posible** que saque buena nota.

En su estudio sobre el uso de *ser* y *estar* en Hermosillo, Bessett (2015) les dio a sus participantes las oraciones 1–11 que se encuentran en la Actividad 3.41, que fueron usadas primero
por Silva-Corvalán (1994: 103–104), y pidió que llenaran los espacios en blanco.

**Actividad 3.41 Llena los espacios con *ser* o *estar* según lo que te suene mejor. Después
pídeles a dos hispanohablantes qué dirían y anota sus respuestas y de dónde son.**

1. Mi hija ___ buena para pelear.
2. Cuando los niños ___ chiquitos, hablaban más español.
3. Sí, ___ fácil hablar español.
4. ¡Qué curiositos se ven cuando ___ chiquitos!
5. Quería ver qué tan alto ___ para poder llevar sus tacones altos.
6. Bueno, Juan me podía ganar a correr, porque yo ___ más chica que él.
7. A mí me gusta María; ___ simpática.
8. El niño de mi sobrina ___ inteligente.
9. La casa de mi hijo ___ grande y también ___ bonita.
10. Me gusta tu hermana. ___ chaparrita, pero tiene bonito cuerpo.
11. Yo tenía un amigo suizo. No ___ delgado ni gordo; pesaba unas 170 libras.
12. ¿Qué piensas de esa película? Yo creo que _____ muy buena.
13. Esos árboles allá _____ muy altos.

Los ejemplos en la Actividad 3.41 son contextos en que se espera el uso de *ser*. Sin
embargo, Bessett (2015) encontró que la gente a veces usaba *estar* con algunos adjetivos.
Considera los siguientes ejemplos, que fueron producidos por la misma persona en Hermosillo (Bessett, 2015).

4a. Un regalo de mi papá, cuando **era chica** . . . ehm.
4b. Creo que a la que le echaba la culpa era a mi hermana porque cuando **estábamos chicas,**
     ella era un poco más grande que yo.

Estos ejemplos muestran que con el adjetivo *chica* (que aquí significa *joven*), algunos
hablantes de Hermosillo emplean tanto *ser* como *estar* sin ningún cambio obvio de significado. Ahora considera los siguientes ejemplos de Gutiérrez (2003) provenientes de Morelia, Michoacán.

5. G: . . . *la que me gustó mucho fue esta* . . . , *la de Rambo.*
    M: *¿Rambo?*
    G: *Sí,* **está** *muy* **buena** *esa película.*
6. M: *¿Cómo crees tú que es los Estados Unidos? Pues dicen que hay, que hay muchos árboles
    frutales, que hay muchos vegetales allá y* . . . *no comen grasas, que están muy* . . . , *que* **están**
    muy **altos** *allá.*

Este uso de *estar* se llama *estar innovador* (*innovador* = nuevo) porque va en contra de las
expectativas de la gente. También se ha encontrado ejemplos de *estar innovador* en Cuba

(Alfaraz, 2012), Cuernavaca, México (Cortés-Torres, 2004), y Puerto Rico (Brown & Cortés-Torres, 2012). ¿Encontraste ejemplos de *estar innovador* en tus respuestas a la Actividad 3.41? ¿De dónde eran las personas que entrevistaste?

En su estudio del español hablado en Puerto Rico, Brown & Cortés-Torres (2012) observan que los adjetivos que aparecen con *estar innovador* forman clases de palabras con significados relacionados. Por ejemplo, el adjetivo que aparece más frecuentemente con *estar innovador* en su estudio fue 'brutal', que muchas veces conllevaba el significado de "bueno", como en su ejemplo "*esas son las playas que están brutales*". Encuentran que se usa *estar innovador* también con *chévere, bueno, rico, nítido*, y proponen que el uso de *estar innovador* se centra en *bueno* y *brutal* (con el significado de *bueno*):

> está bueno, está brutal → está rico, está nítido, etc.

Aquí vemos que el proceso de la **analogía** tiene un impacto importante sobre cómo estructuramos la gramática: Ya que es tan común usar *estar* con dos adjetivos que significan "bueno", otros adjetivos que tienen un significado parecido empiezan a seguir el mismo patrón usando *estar* también. La expansión de *estar* en contextos donde se espera *ser* hoy en día es la extensión de un cambio que empezó hace mucho tiempo. Desde que el español emergió del latín, *estar* ha ido invadiendo el espacio de *ser*. Por ejemplo, antes se decía más *es satisfecho*, mientras hoy en día es más común decir *está satisfecho* (Bessett, 2012). Entonces los nuevos usos innovadores como los que vimos arriba son parte de un proceso de cambio natural y bastante antiguo. Aún así, no se aceptan todavía y la gente sigue insistiendo que no existen. Considera lo que escribió Drake de Barcelona, España, en wordreference.com:

Hi!

Ser expresses a permanent quality something or someone has. And estar expresses a temporal quality. In your examples you have:

Juán es alegre: It expresses that Juan is a cheerful person.
Juán está alegre: Now Juan is happy but it doesn't mean he usually is.

Drake
Senior Member

Barcelona (Spain)
Spain (Spanish &
Catalan)

Juan es alto: Juan is tall.
Juan está alto: It doesn't really makes much sense since it's saying that in this moment Juan is tall. However, this form is used, for example, when you meet a child you did't see for a long time, then you can say "¡Estás muy alto, como has crecido!" (this would be some kind of exception because now is tall and he will remain, but generally you can follow the rule I've said).

¿Qué diría Drake sobre el ejemplo (6) producido en Morelia? ¿Cómo le sonaría? ¿Qué le responderías a Drake?

3.9 Resumen

En este capítulo hemos visto algunos usos alternativos de verbos. Empareja el fenómeno con su ejemplo.

___ 1. Tú *bailastes* toda la noche.
___ 2. Ella *trujo* los tamales a la fiesta.
___ 3. Esta mañana, *he llamado* a mi amigo.

__ 4. *Hubieron* muchos alumnos esperando.

__ 5. Trae todos los libros que *haiga*.

__ 6. Tenía miedo que *piérdamos* el juego.

__ 7. No sé si usted *tenga* tiempo ahora para atenderme.

__ 8. Era importante que los perros *tuviesen* sus vacunas.

__ 9. Yo compraría esos muebles si *serían* más económicos.

__ 10. *Está* muy grande la casa.

a. Presencia arcaica de – *g* en el presente del subjuntivo

b. Extensión de *estar*

c. Uso arcaico del pretérito

d. Uso del presente del subjuntivo después de *si*

e. Pluralización de *haber* presentacional

f. Regularización de la 2ª persona singular del pretérito

g. El uso del presente perfecto para eventos en el pasado

h. Regularización de la 1ª persona plural del subjuntivo

i. El uso de la terminación – *se* en el pasado del subjuntivo

j. El uso del condicional en la prótasis

Otra vez vimos que, por cuestiones sociales, ciertas formas verbales son estigmatizadas, lo cual impulsa el ciclo de prestigio lingüístico (Figura 1.4 del Capítulo 1) debido al clasismo. También vimos que algunas formas arcaicas se estigmatizan mientras que otras gozan de prestigio. Esta paradoja demuestra que no es el hecho de ser arcaica lo que hace que una forma se desprecie o no, sino **quiénes la usan**. Los arcaísmos que se encuentran en los lugares más rurales son poco aceptados, mientras que los que se encuentran en el ámbito literario y la vida urbana llegan a apreciarse. El desprecio hacia el habla rural también se notó en el Capítulo 2, donde vimos que a veces se burla del 'habla campesina'. Está claro que existe una conexión entre el prejuicio contra las comunidades rurales y el clasismo (piensa en los estereotipos de la gente campesina). Otro tema del Capítulo 2 que se ve repetido en el Capítulo 3 es el prestigio asociado con el habla de España.

Para concluir este capítulo, repasa los fenómenos sociales a continuación y discute con tus compañeros los ejemplos que muestran que el prejuicio social se extiende al prejuicio lingüístico.

1. El clasismo

    a. Las formas del pretérito

    b. La pluralización de *haber*

    c. El presente del subjuntivo

    d. El imperfecto del subjuntivo (*ra* y *se*)

    e. Oraciones con *si* con condiciones hipotéticas

2. El prestigio asociado con el español en España

    a. El pretérito y el presente perfecto

NOTAS

1 Una tarea interesante sería que le pidas a cinco amigos que acaben estas oraciones: "I hardly ever dream, but last night I _____ about my grandmother. Adults don't often leap, but yesterday I heard a loud noise and _____ out of my chair. My cat always creeps around the house; last week

it _____ into the basement. I don't like to dive, but one time my cousin _____ into the deep end of the pool."
2 http://castellanoyalgomas.blogspot.com/2009/04/vicios-del-lenguaje.html.
3 Sin embargo, es bastante común en áreas rurales y/o entre personas de poca instrucción formal usar *morido*, *volvido*, *freído*, etc.
4 Restaurante de comida china, muy común en Perú.
5 Esta cita y las respuestas provienen de https://aloxieusko.wordpress.com/2007/10/12/¿preterito-perfecto-simple-o-preterito-perfecto-compuesto/, accedido 9 julio 2018.
6 Vale la pena notar que el corrector de ortografía (*spellchecker*) de Microsoft Word que usa las autoras automáticamente cambia *han habido* a *ha habido*.
7 Estas opiniones provienen de http://reglas-escritura.blogspot.com/2011/06/ha-habido-han-habido.html
8 La acentuación de las formas *puédamos* y *piérdamos* (en contraste con *puedamos* y *pierdamos*) sigue la acentuación de las formas *puedo* y *pierdo*, donde el acento cae en la raíz del verbo. Por lo tanto, aquí vemos otro ejemplo de la regularización, en este caso del patrón acentual. También se ve esta forma con una -n: *puédanos*, *piérdanos*. Así lo hace de manera chistosa una canción popular: "Y cuando andábanos cortando rábanos, unos comíanos y otros cortábanos."
9 Para más práctica con la diferencia entre *había/hubiera* (el imperfecto indicativo y el imperfecto del subjuntivo), ve a http://potowski.org/gramatica_variacion_enlaces_3 bajo "Ejercicio 3.27 más práctica con el subjuntivo".
10 Sin embargo, Roseyemer & Schwenter (2017) no encontraron este efecto. Su trabajo muestra que hay separar los verbos más frecuentes como *ser*, *estar*, *haber* al analizar la frecuencia de *-ra* y *-se*.
11 *Si* sin acento = *if*; *sí* con acento = *yes*.
12 Claro que también podríamos haber escrito *si tuviese, si quisiese, si estudiasen*, etc., pero como vimos en la Sección 3.6, el imperfecto de subjuntivo con *-se* es mucho menos común que con *-ra*.
13 Los ejemplos 1–5 son de hablantes en Buenos Aires, Argentina (Lavandera, 1979). Ejemplos 6–9 vienen de hablantes en Covarrubias, España (Silva-Corvalán, 1985) y 10–12 de Tenerife, las Islas Canarias, España (Serrano, 1992).
14 Véase http://www.rae.es/recursos/diccionarios/dpd.
15 Véase http://potowski.org/gramatica_variacion_enlaces_3 para el enlace con estos ejemplos. Fuente: https://pannaturalysaludable.com/indice/la-palabra-dicha-como-conviene-1/8-condicional-y-subjuntivo-confusion-permanente/
16 Los ejemplos 1 y 2 son de Covarrubias, España (Silva-Corvalán, 1985), 3 y 5 de Tenerife (Serrano, 1995), 4 de una mujer colombiana (del Corpus O-Z), y 6 es de una mujer mexicana (del Corpus WA-MT).
17 Este uso de *habían* es un ejemplo ¿de qué fenómeno que hemos estudiado ya en este capítulo?
18 Obviamente sí hay gente que lo usa de ese modo, aun si esta persona nunca lo había escuchado.

REFERENCIAS

Alfaraz, Gabriela. 2012. The status of the extension of estar in Cuban Spanish. *Studies in Hispanic and Lusophone Linguistics* 5, 3–25.

Bessett, Ryan. 2012. La extensión de estar a través del tiempo y espacio: Un estudio diacrónico de los siglos XII-XX y sincrónico de Hermosillo, Sonora y el sur de Arizona. MA thesis, University of Arizona. Tucson, Arizona.

Bessett, Ryan. 2015. The extension of *estar* across the Mexico-US border: Evidence against contact-induced acceleration. *Sociolinguistic Studies* 9(4), 421–443.

Brown, Esther & Mayra Cortés-Torres. 2012. Syntactic and pragmatic usage of the [estar + adjective] construction in Puerto Rican Spanish: ¡Está brutal! In Kimberly Geeslin & Manuel Díaz-Campos (eds.), *Selected Proceedings of the 2010 Hispanic Linguistics Symposium*, pp. 61–74. Somerville, MA: Cascadilla Proceedings Project.

Butt, John & Carmen Benjamin. 2011. *A New Reference Grammar of Modern Spanish*, 5th edition. London: Hodder Education.

Bybee, Joan. 2015. *Language Change*. Cambridge: Cambridge University Press.

Camacho, José. 2012. *Ser* and *estar*: The individual/stage-level distinction and aspectual predication. In José Ignacio Hualde, Antxon Olarrea, & Erin O'Rourke (eds.), *The Handbook of Hispanic Linguistics*. Malden, MA & Oxford: Blackwell.

Claes, Jeroen. 2014. Sociolingüística comparada y gramática de construcciones: Un acercamiento a la pluralización de *haber* presentacional en las capitales antillanas. *Revista Española de Lingüística Aplicada* 27(2), 338–364. doi: 10.1075/resla.27.2.05cla

Cortés-Torres, Mayra. 2004. ¿Ser o estar? la variación lingüística y social de estar más adjetivo en el español de Cuernavaca, México. *Hispania* 87, 788–795.

Díaz-Campos, Manuel. 2003. The pluralization of *haber* in Venezuelan Spanish: A sociolinguistic change in real time. *IU Working Papers in Linguistics* 3(5), 1–13.

Gómez Molina, José Ramón. 2013. Pluralización de "haber" impersonal en el español de Valencia (España). *Verba* 40, 253–284.

Gutiérrez, Manuel. 2003. Simplification and innovation in US Spanish. *Multilingua* 22, 169–184.

Henige, David. 1992. To read is to misread, to write is to miswrite: Las Casas as transcriber. In René Jara & Nicholas Spadaccini (eds.), *Amerindian Images and the Legacy of Columbus*, pp. 198–229. Minneapolis: University of Minnesota Press.

Jara Yupanqui, Margarita & Valenzuela, Pilar. 2013. El uso del Perfecto en secuencias narrativas en el español peruano amazónico: el caso de Jeberos. *Lexis* 37(1), 33–70.

Johnson, Mary & Sonia Barnes. 2013. Haya vs. Haiga: An analysis of the variation observed in Mexican Spanish using a mixed effects model. In Ana M. Carvalho & Sara Beaudrie (eds.), *Selected Proceedings of the 6th Workshop on Spanish Sociolinguistics*, pp. 32–40. Somerville, MA: Cascadilla Proceedings Project.

Lavandera, Beatriz. 1979. Análisis semántico de variación en tiempos verbales: oraciones condicionales en español. *Anuario de Letras* 17, 113–136.

Rael, Juan B. 1977. *Cuentos españoles de Colorado y de Nuevo Méjico*, Vol. 2. New Mexico: Museum of New Mexico Press.

Roseyemer, Malte & Scott Schwenter. 2017. Entrenchment and persistence in language change: The Spanish past subjunctive. *Corpus Linguistics and Linguistic Theory* (first view 2017). https://doi.org/10.1515/cllt-2016-0047

Serrano, María Jose. 1992. Formas verbales alternantes: variación sociolingüística y estrategia comunicativa. *Revista española de lingüística aplicada* 8, 137–145.

Serrano, María Jose. 1995. Sobre un cambio sintáctico en el español canario: del indicativo al subjuntivo y condicional. *Hispania* 78(1), 178–189.

Sheridan, Guillermo. 2004. *Poeta con paisaje: ensayos sobre la vida de Octavio Paz*. Mexico, DF: Ediciones Era.

Silva-Corvalán, Carmen. 1985. Modality and semantic change. In Jacek Fisiak (ed.), *Historical Semantics: Historical Word Formation*, pp. 547–572. Berlin: Mouton.

Silva-Corvalán, Carmen. 1994. *Language Contact and Change: Spanish in Los Angeles*. Oxford and New York: Clarendon Press and Oxford University Press.

Valeš, Miroslav. 2006. El prestigio desigual de las formas del imperfecto de subjuntivo cantara /cantase. In Juan A. Moya Corral & Marcin Sosinski (eds.), *Lexicografía y enseñanza de la lengua española*. Actas de las XI Jornadas sobre la enseñanza de la lengua española, pp. 303–311. Granada: Universidad de Granada.Cortesía Shock (www.shock.co)

Capítulo 4

Características del español en contacto con otras lenguas

Este capítulo se enfoca en la gramática de los hispanohablantes bilingües. Estas variedades son tan legítimas como cualquier otra, pero por razones sociohistóricas que exploraremos a continuación, se han privilegiado las variedades monolingües.

4.1 El pronombre objeto directo

Ya vimos un poco sobre los objetos directos en el Capítulo 2 (*lo, la, los, las*). Recuerda que estos pronombres reemplazan el objeto directo (*El perro muerde a Gabriel* → *El perro lo muerde*). Para repasar este punto, completa la Actividad 4.1:

Actividad 4.1 Subraya el objeto directo en estas oraciones como en el modelo. Después, indica cómo sería la oración sustituyendo el objeto directo con un pronombre.

Modelo: Ya vi <u>esa película</u>. → Ya la vi.

1. Mi mamá escucha la radio todos los días.
2. ¿Escribiste esos poemas?
3. Oye, ¿me puedes devolver el libro?
4. Los niños van a memorizar estas canciones.

Como vimos en el Capítulo 2 y aquí en la Actividad 4.1, los pronombres objeto directo concuerdan en género y número con el sustantivo al que se refieren, sumando un total de cuatro opciones: *lo, la, los, las*. Por lo tanto, en el modelo se reemplazó *esa película*, un sustantivo femenino singular, con *la*.

Sin embargo, en Guatemala y en la zona de los Andes de Sudamérica existen ejemplos como los que presentamos a continuación. Los ejemplos 1 y 2 vienen de Guatemala (García Tesoro, 2002, citado en Klee & Lynch, 2009: 128) y los ejemplos 3 y 4 de Cuzco, Perú, una ciudad andina (Klee, 1990, 1996, citado en Klee & Lynch, 2009: 138).

1. Entonces se celebra <u>Semana Santa</u>. Eso sí es nacional y todo el mundo <u>lo</u> celebra.
2. Hay veces que hace uso correcto de <u>las ayudas</u> aquí en Guatemala, como también deben fijarse a quién se <u>lo</u> mandan.
3. . . . <u>lo</u> han hecho hervir [se refiere a <u>la sangre</u>].
4. <u>La secundaria lo</u> realicé en el Colegio Belén.

¿Qué pronombres objeto directo se esperarían en estos contextos según lo que vimos en la Actividad 4.1?

Los lingüistas han explicado este uso de *lo* para referirse tanto a sustantivos masculinos como a femeninos (y a sustantivos singulares y plurales) como el resultado del bilingüismo. Durante el proceso de adquisición de una segunda lengua, puede haber un proceso de **simplificación**. Parece que el sistema de los pronombres objeto directo se ha simplificado de cuatro opciones a tan solo una – el masculino singular – en algunas zonas donde los hablantes de idiomas indígenas como el maya y el quechua aprendieron el español como segunda lengua (Klee & Lynch, 2009: 166). Sin embargo, este sistema simplificado puede atraer crítica y convertirse en un rasgo estigmatizado (García & Otheguy, 1983, citado en Klee & Lynch, 2009: 140).

Además de la simplificación, el objeto directo a veces se omite, como veremos ahora.

Actividad 4.2 Mira el video *Vascos por el Mundo: Suecia* (http://potowski.org/gramatica_variacion_enlaces_4). Los vascos son los del País Vasco, una región al norte de España. Escucha estas dos citas de la hablante y llena los espacios con lo que dice. Después contesta las preguntas.

Minuto	Cita
12:36	"Y luego cuando queremos hacer fiestas o comidas así, pedimos la llave y _____ aquí."
14:58	"Y estas neveras también tenemos, por si traes la comida así a la mañana, la dejas ahí, y si no, hombre, nada, _____ y luego vienes a mediodía y _____ ahí. No desaparece."

---

1 ¿A qué se está refiriendo el verbo que usa la hablante en cada ejemplo?

Cita	Traducción literal al inglés	¿A qué se refiere el verbo?
" . . . y **hacemos** aquí"		
" . . . hombre, nada, **dejas** . . . "		
" . . . y **tienes** ahí"		

2. Compara las versiones (a) y (b) a continuación. ¿Cuál es la diferencia? ¿Qué versión crees que dirías tú?

1a. Pedimos la llave y hacemos aquí.
*1b. Pedimos la llave y **las** hacemos aquí.*

2a. Si traes la comida así a la mañana . . . hombre, nada, dejas . . .
*2b. Si traes la comida así a la mañana . . . hombre, nada, **la** dejas . . .*

3a. y luego vienes a mediodía y tienes ahí.
*3b. y luego vienes a mediodía y **la** tienes ahí.*

Actividad 4.3 Mira el vídeo "Pitbull ataca a una mujer." (http://potowski.org/gramatica_variacion_enlaces_4). Escribe lo que dice la vecina de la víctima en el minuto 1:25. Hemos dejado en blanco el final de la última oración para que prestes atención al video.

"Por supuesto el momento en que está pasando ahora es muy difícil de esta persona, porque ya que tiene la madre postrada y es la única . . . hija única que _____."

1. ¿A quién está cuidando la hija única?
2. Compara las versiones a y b abajo. ¿Cuál es la diferencia? ¿Cuál crees que dirías tú?

   a. . . . *y es la hija única que está cuidando.*
   b. . . . *y es la hija única que **la** está cuidando.*

Sobre este tema, en una publicación sobre la gramática, Inés Fernández-Ordóñez (1999) escribe:

"El español hablado en la Sierra de Ecuador ha modificado el sistema pronominal . . . En primer lugar, presenta la posibilidad de omitir los [pronombres objeto directo] en construcciones en que su presencia **es categórica en español**."

Ofrece como ejemplo la siguiente oración en que el hablante le habla a otra persona sobre un vestido y dice:

Bueno, yo te saco.

Según Fernández-Ordóñez, la presencia del objeto directo en este contexto es categórica (obligatoria) en español; es decir, según ella, "Bueno, yo te **lo** saco". Al afirmar que es obligatorio expresar los objetos directos en estos contextos en español, ¿qué se sugiere sobre las variedades que los omiten?

Los investigadores han notado que omitir el objeto directo es muy común en Paraguay, el País Vasco (España) y Ecuador. ¿Qué tienen en común estos lugares?

En el País Vasco se habla el español y _____.
En Paraguay se habla el español y _____.
En la sierra de Ecuador se habla el español y _____.

En estos lugares, mucha gente es bilingüe en español y otra lengua. De hecho, ¡se estima que el 50%-65% de los seres humanos en este planeta son bilingües o multilingües! Lo que la ciencia de la lingüística ha revelado es que la persona bilingüe **no** se trata de dos monolingües unidos por el cuello, idea que se representa en la siguiente imagen:

Es decir, la persona bilingüe normalmente **no** mantiene un sistema monolingüe en su Lengua A y un sistema monolingüe en su Lengua B. La norma por todo el mundo es que se vean influenciados dos sistemas lingüísticos que están en contacto en los cerebros de los individuos. Es decir, hay **influencia interlingüística**. Como la omisión de los objetos directos es muy frecuente en el guaraní, en el quechua y en el vasco, muchos bilingües que hablan estas lenguas extienden este fenómeno al español (Schwenter, 2006). Y como vimos en el Capítulo 1, y también volveremos a ver en otras partes de este libro, estas influencias no son al azar (*random*) sino que siguen patrones muy claros.

A pesar de ser completamente sistemáticos, algunas personas consideran que son indeseables y negativos los efectos del contacto entre dos idiomas. Quizás creen que existen variedades "puras" de las lenguas y que no se deben "contaminar". Pero ¿es válido el concepto de la pureza de los idiomas? Consideremos algunos ejemplos:

España

- Contacto con el árabe: intensivo entre los años 711 y 1492. Ejemplos de palabras del árabe: *almohada, ojalá, ajedrez, alcalde, álgebra*, etc.
- Contacto con el vasco hasta hoy en el País Vasco. Ejemplo: la omisión del objeto directo (como el ejemplo anterior y *hacemos aquí*).
- Contacto con el catalán hasta hoy en Cataluña, Valencia y las Islas Baleares. Ejemplos de los efectos del contacto con el catalán: el uso de *ves* como forma imperativa del verbo *ir* ("Tengo que ir al baño." "Pues, **ves** al baño.")
- Contacto con el gallego en la provincia de Galicia. Unos ejemplos serían el sufijo *–iño* "Es muy riquiño" (majo, bonito) o "pobriño" (pobrecito). Además, no se usa el presente perfecto en el gallego, entonces los gallegos dicen "No estuve nunca en París" y "No comí hoy todavía" donde otros españoles dirían "No he estado nunca en París" y "No he comido hoy todavía." (Eva Rodríguez González, comunicado personal, 25 septiembre 2018)

México

- Contacto con náhuatl. Ejemplos de palabras del náhuatl: *tomate, chocolate, huitlacoche*, etc. Ejemplos de los efectos del contacto con el náhuatl en la gramática: la pluralización del posesivo (*sus casa*) (ver Klee & Lynch: 121).
- Contacto con el maya: Ejemplos de palabras de maya: *cigarro, cenote*. Ejemplos de los efectos del contacto con el maya en la gramática: el artículo indefinido + el pronombre posesivo, por ejemplo *una mi tacita de café* (ver Klee & Lynch: 126).
- Contacto con unas 60 lenguas más, con muchas influencias léxicas, sintácticas y semánticas.

Perú

- Contacto con el quechua. Ejemplos de palabras del quechua: *choclo, palta, chacra, anticucho*, etc.
- Resultados sintácticos: el mayor uso del orden objeto-verbo (*Cicatriz tengo.*) en comparación con otros dialectos del español. También la omisión del objeto directo (*y hacemos aquí*) y el uso de lo en vez de la, los, y las (ver Klee & Lynch: 134–153).

Paraguay

- Contacto con el guaraní. Ejemplos de palabras del guaraní: *ñandú, urubú* (buitre), γopará (ραιτα).
- Sintaxis: mucha omisión del objeto directo. Se encuentra también el indefinido + posesivo (*una mi tacita de café*). Ver Choi (1998, 2000), Escobar (2012: 76–77), & Klee & Lynch (2009).

Hay muchos ejemplos más. Los lectores interesados pueden consultar Klee & Lynch (2009).

¿Por qué se suele apreciar las variedades monolingües más que las bi- o multilingües? Blommaert & Verschueren (1998: 195) proponen que existe un "dogma de homogeneocismo" (*homogeneism*), un punto de vista según el cual:

> ". . . se consideran las diferencias **peligrosas** y centrífugas, y la 'mejor' sociedad es sin diferencias intergrupales. En otras palabras, el modelo ideal de la sociedad es monolingüe, monoétnica, monoreligiosa, monoideológica. El nacionalismo, interpretado como la lucha de mantener 'la pureza' y homogeneidad de los grupos lo tanto posible, es considerado una actitud positiva dentro del dogma del homogeneocismo. Se consideran **las sociedades pluriétnicas o plurilingües propensas a problemas**, porque requieren formas de organización estatal que van en contra de las características 'naturales' de las agrupaciones de la gente."

Sin embargo, indican lo siguiente Irvine & Gal (2000: 76): "el lenguaje homogéneo es es tan imaginado como la comunidad [homogénea]". ¿Qué quieren decir con esto?

Actividad 4.4 Para resumir esta sección, escribe unas cortas respuestas (1–3 oraciones) a las siguientes preguntas:

1. El "dogma de homogeneocismo" considera la influencia de otro idioma como "peligrosa". ¿Qué objetivo sociopolítico podría querer avanzar esta filosofía? Es decir, a la gente que piensa así, ¿cómo les gustaría que fuera el mundo?
2. Vuelve a leer el párrafo sobre el homogeneocismo. ¿Conoces algún ejemplo concreto de una persona o una política (*policy*) homogeneista?
3. ¿Existe un idioma 'puro' sin ninguna huella de otro idioma?
4. ¿Existe algún dialecto de español que no haya estado nunca en contacto con otro idioma?

4.2 *A* personal en EE.UU.

En el Capítulo 2 estudiamos las preposiciones. Una preposición muy común en español es *a*. Considera los ejemplos a continuación. ¿Qué significa *a*?

1. Mi hermana va **a** la tienda porque quiere comprar unas botas.
2. Le regalé una bufanda **a** mi mamá.
3. ¿Viste **a** mi amiga? La estoy buscando.

En los ejemplos 1 y 2 el significado de *a* es más obvio: significa que hay una trayectoria según la cual el primer sustantivo va hacia el segundo (*mi hermana* → *la tienda* y *una bufanda* → *mi mamá*). Sin embargo, en el tercer ejemplo *a* es un poco diferente. Esta *a* se llama *a personal*. Se usa antes de los objetos directos que son **animados** (generalmente con seres humanos o animales que son mascotas) cuando éstos son **objetos directos específicos.** Considera la diferencia entre (a) y (b):

a. Vi a Juan.
b. Vi la mesa.

¿Por qué se incluye *a* antes de *Juan* pero no se incluye antes de *la mesa*? Porque *Juan* es un ser humano, mientras que *la mesa* es una cosa inanimada. Ahora considera la diferencia entre (c) y (d):

c. ¿Llamaste a la niñera? Me dijo que vendría hoy.
d. Necesito una niñera para que me ayude con los niños.

¿Por qué se incluye la *a personal* en (c) mientras en (d) no, si *la niñera* es un ser humano en los dos ejemplos? Porque en (c) se habla de una niñera específica. Ya saben su nombre y quien es, pero en (d) no tienen ninguna persona específica en mente.

Actividad 4.5 Lee la conversación entre la entrevistadora (Eva) y un chico que llamamos "Carlos" (no es su nombre verdadero) que nació y se crió en los Estados Unidos, y cuyos padres son de México.[1] Encuentra los objetos directos animados específicos (tienen que ser sustantivos y no pueden ser pronombres) y escríbelos en el cuadro a continuación. La entrevistadora produce un ejemplo y Carlos produce cuatro. Después apunta cuáles aparecen con *a personal* y cuáles no.

EVA: ¿Qué otro trabajo tienes aparte de la pizca de la cherry?

CARLOS: Uhh, pues le voy a ayudar a mi mom a, a cómo se llama, a un rancho. Es como like, um es como un farm. Es una, y es como like como verduras y todo eso. Yeah.

. . .

EVA: ¿Porque crees que te gustaría ir [a estudiar]?

CARLOS: Uhh, pues, para visitar mi familia. Y pues conocer partes, yo no, pues yo no. Yo nací aquí y, pu's, a visitar, a ver cosas nuevas.

. . . .

CARLOS: Umm, pues, yo cumplí años apenas en junio 28 y um pues me hicieron un pozole.

EVA: ¿Invitaste a tus amigos?

CARLOS: Um, pues, no, no los invité.

. . .

EVA: ¿Y qué haces mientras estás aquí en [lugar]? ¿Te gusta venir?

CARLOS: Sí me gusta.

EVA: ¿Por qué?

CARLOS: Porque like um conoces nueva gente. Like como gente que no like um platicas con ellos, gabachos, um like muchachas y like you, platico con unas like, no s-, como conoces gente like, yeah . . . . [Corpus WA-MT]

Ejemplo	¿Aparece con 'a'?
1.	□ sí □ no
2.	□ sí □ no
3.	□ sí □ no
4.	□ sí □ no
5.	□ sí □ no

Carlos a veces no emplea *a personal* donde se espera que la use según las reglas indicadas arriba. ¿Cuántas veces la usa y cuántas veces no?

Varios estudios han encontrado que los bilingües en los Estados Unidos a veces omiten la *a* personal (e.g. Montrul & Sánchez-Walker, 2013). Pero como vimos en el habla de Carlos, a veces sí la incluyen. Una pregunta interesante es cuándo la usan y cuándo no – por ejemplo, ¿la usan más con algunos verbos específicos? Hay verbos que frecuentemente son seguidos por *a* porque normalmente aparecen con un objeto directo animado, como *matar* y *saludar* (von Heusinger & Kaiser, 2011). Es decir, normalmente saludamos a gente, no a objetos inanimados. Por lo tanto, se va a escuchar más *saludar a* + objeto directo que *saludar* + objeto directo.

Actividad 4.6 Entrevista a dos hispanohablantes que nacieron y se criaron en los EEUU. Pídeles que traduzcan **oralmente** (no por escrito) las siguientes oraciones del inglés a español y anota lo que dicen. Es posible que tu instructor/a te pida que subas los resultados a un archivo compartido entre la clase. Después indica: ¿Usaron "a" más con ciertos verbos que con otros?

Oración a traducir	Persona 1 ¿usó "a"?	Persona 2 ¿usó "a"?
1. The man killed his friend.		
2. I see the girl.		
3. The yoga teacher greeted the trees.		
4. My friend visited his relatives in Colombia.		
5. The man killed the tree when he cut it.		
6. I see the tree.		
7. My friend visited Bogotá.		
8. The professor greeted her students.		

Algunos lingüistas postulan que a veces los hablantes de español criados en EE.UU. adquieren un sistema de gramática "incompleto" y señalan el hecho de que a veces los bilingües no incluyan la *a* personal como evidencia de este sistema incompleto (Benmamoun et al., 2010; Montrul, 2008; Silva-Corvalán por aparecer). Otros, sin embargo, argumentan que el sistema de estos bilingües simplemente es **diferente** al de los monolingües, pero sigue siendo completo. Por ejemplo, Otheguy (2016: 302) escribe:

> . . . what we observe in both the natural and experimental linguistic behavior of second generation bilingual U.S. Latinos is not errors, as they are frequently described in the literature, but rather points of divergence, dialectal differences if you will, between their Spanish and that of the previous generation, due to normal intergenerational language change accelerated by conditions of language contact.

¿Qué opinas? ¿El omitir la *a personal* se trata de evidencia de una gramática **incompleta** o de una gramática **diferente** pero completa? ¿Por qué?

4.3 Los posesivos dobles

Ahora consideremos otros pronombres que se llaman *posesivos*. El posesivo se trata de la expresión de ser dueño o poseedor de algo.

Actividad 4.7 ¿Cómo traducirías estas frases al español? Comparte tus respuestas con la clase.

1. Her house; her son
2. Their opinion
3. Their term
4. My mom's first school (*colegio*)
5. The man's mother

Ahora lee los cinco párrafos siguientes:

1. Y llegué con ella, ya, yo fui a vivir a **su casa de ella**, y, esa casa se la había dejado su ex-esposo, que había fallecido, estaba en construcción la casa [. . .] Entonces la familia, de su esposo,

que venía a visitar todo, decían ellos que, yo había ayudado y que yo quería quedarme con la casa, ese fue una de las armas que utilizaban ellos, ¿no? Para distanciarlo, que a la larga se hizo, ¿no? Porque eso creó una situación, se puede decir este, siempre conflictiva entre, **su hijo de ella,** el mayor ¿no? Que ya en ese tiempo tenía, catorce quince años creo . . .

(Klee, C. A. & Caravedo, R. 2013. *Language Contact and Dialect Contact in Lima, Peru*. Unpublished raw data.)

2. Los primeros días, me costó mucho, pero después me empecé a hacer conocido con la gente argentina (. . .), pero lamentablemente siempre dicen: "los peruanos son así . . " y . . . me costó un poco entenderles primero cómo era **su opinión de ellos** porque yo venía de otro sitio, de una provincia y me parecía algo raro que hablen mal de algunos peruanos, ¿no?

(de un estudio sobre peruanos en Argentina por Risco, 2013)

3. Me gusta cómo hablan ellos, cómo hablan los argentinos, pero es **su término de ellos**.

(de un peruano en Argentina, Risco, 2013)

4. Al frente del hospital Iquitos hay un colegito ahí en la Diez. A raíz de eso es que ya ahí también estudió la Iris creo no Renato, di? Ningunos no en San Martín ahí (es)tá, **en su primer colegio de mi mamá** estudiaron ahí quinto grado de primaria del primer grado hasta el quinto grado.

(de un estudio sobre el español en la Amazonía Peruana de Vallejos, 2014)

5. ¡Tan sabia era **su madre del señor**? en Lope de Rueda, un escritor del siglo XVI

(citado en Merma Molina, 2004).

Fíjate en los usos señalados en negritas. ¿Son diferentes a tus traducciones en la Actividad 4.7?

Actividad 4.8 Hay un total de 14 pronombres posesivos en español. Llena las casillas vacías en el cuadro a continuación con los pronombres posesivos que faltan.

	Masculino singular	Femenino singular	Masculino plural	Femenino plural
1ª sing	mi libro	__ casa	____ libros	__ casas
1ª plural	nuestro libro	__ casa	____ libros	__ casas
2ª sing	tu libro	__ casa	____ libros	__ casas
2ª plural	vuestro* libro	__ casa	____ libros	__ casas
3ª sing	su libro	__ casa	____ libros	__ casas
3ª plural	su libro	__ casa	____ libros	__ casas

* Solo se usa esta forma en España.

Vemos que los pronombres posesivos concuerdan en número y género con los sustantivos *libro, casa, libros, casas*. Por eso también se consideran *adjetivos*: recuerda que los adjetivos describen (modifican) al sustantivo.

Otra manera de expresar la posesión es con la preposición *de*. Por ejemplo, en vez de decir *su casa*, podemos decir *la casa de ella, la casa de él, la casa de la profesora*, etc.

Actividad 4.9 Convierte las oraciones siguientes sobre Los Simpson a esta construcción posesiva con "de".

Fuente: CC-BY 2.0 https://www.flickr.com/photos/bagogames/15213207635

Personaje de los Simpson	Con el posesivo con pronombre	Con el posesivo con *de*	¿Cómo es/son?
Homero	sus ideas	*Las ideas de él*	*ridículas*
Marge	su voz		
Lisa	su inteligencia		
Bart	sus travesuras		
Maggie	su presencia		

Ahora, vuelve a leer los cinco ejemplos al comienzo de la sección 4.3 ("Y llegué con ella, ya, yo fui a vivir a **su casa de ella** . . ."). ¿Cómo se forman?

a. Se omite el pronombre posesivo *su*.
b. Se omite *de + persona*.
c. Se usan los dos: el pronombre posesivo *su* y además la estructura *de + persona*

La respuesta es (c). Muchos hablantes expresan la posesión de manera doble, tanto con el pronombre posesivo *su/sus* seguido por *de + persona*. Esto también ocurre en inglés. Por ejemplo, la oración *He's a friend of John's* marca el posesivo con la palabra *of* y también con la *'s* con apóstrofe.

Actividad 4.10 Vuelve a escribir tus oraciones sobre los miembros de la familia Simpson con doble posesivo.

Personaje de los Simpson	Con el posesivo con pronombre	Con el posesivo doble
Homero	sus ideas	*Sus ideas de él son ridículas.*
Marge	su voz	
Lisa	su inteligencia	
Bart	sus travesuras	
Maggie	su presencia	

Curiosamente, los posesivos dobles ocurren solo con la tercera persona (*su ropa de mi hermano*) y no con la primera o segunda persona (**mi ropa de mí*, **tu ropa de ti*, **nuestra ropa de nosotros*). ¿Por qué crees que la posesión doble ocurre únicamente con posesivos de la tercera persona? Aquí tienes una pista: ¿cuáles son los posibles significados de *su* y *sus*?

su casa puede ser: □ de él   □ de ella   □ de usted   □ de ellos   □ de ellas   □ de ustedes
sus casas pueden ser: □ de él   □ de ella   □ de usted   □ de ellos   □ de ellas   □ de ustedes
mi casa puede ser: □ de mí   □ de ella   □ de usted   □ de ellos   □ de ellas   □ de ustedes

Entonces el uso del posesivo doble, como *Su casa de Alicia*, aclara de quién es la casa (de Alicia) porque *su/sus* pueden resultar ambiguos: la casa puede ser de Alicia, de su hermano, de sus cuñados, etc. Pero como *mi casa*, *tu casa*, y *nuestra casa* no presentan esta ambigüedad, no se encuentran con el posesivo doble.

¿Cómo se valora el uso del posesivo doble? A pesar de cumplir una potencialmente importante función de aclarar al referente, su uso se estigmatiza.

Actividad 4.11 Lee los comentarios siguientes que se publicaron en wordreference. com y elige la palabra correcta en el párrafo de resumen a continuación.

Pregunta:

Adolfo Afogutu
Senior Member

Uruguay
Español

Terminé de leer una de las primeras novelas de Emilia Pardo Bazán (La Coruña, 1851-1921), Viaje de novios, escrita en 1881. Me llamó la atención que la escritora, una y otra vez, cuando usa el posesivo "su" en los diálogos, se empeña en hacer desaparecer cualquier ambigüedad, agregando al posesivo el pronombre correspondiente al poseedor: "su <sustantivo> de usted". Ejemplos:

¡Casar a su hija de usted con Miranda!

--¡El billete, señora! ¡Su billete de usted!--seguía gritándole el empleado, con no muy afable tono.

--De seguro... de seguro que su marido de usted está más disgustado por lo ocurrido que usted misma.

Indudablemente, su marido de usted, detenido por una circunstancia cualquiera, que no hace al caso, se quedó en Venta de Baños anoche.

La pregunta es si este "recurso" perdura en la lengua hablada de sus países o regiones. ¿Y en la escrita?
Saludos

Adolfo Afogutu, Aug 10, 2009   #1

Respuesta #1:

Messages: 1,183; Joined: Dec 19, 2009
IberManolo
Senior Member

La Mancha - España
Spanish

En mi zona hay bastante gente que lo usa en la lengua hablada:su primo de Carmen, su tío de Manuel....

A mí personalmente me hace daño a los oídos.

Respuesta #2

Diego Messages: 23; Joined: Aug 4, 2009
Member

Paris
Mexican Spanish

En mexico si se escucha eso. En general, la gente de clase media y alta lo considera un modismo de la gente "naca" o pobre (despectivamente).

Es lo mismo que cuando la gente agrega una "S" a los verbos en pasado de la segunda persona del singular ("Hicistes, vinistes, dijistes") Se considera "naco o "indio" (despectivo)

Si tan solo esa gente supiera que Cervantes utilizaba esa conjugacion en el monumento incontestable de nuestra lengua...

Ademas, cada quie habla como habla, y al que no le guste que se vaya a su casa de el. ¿Vistes?

DiegoMS, Aug 10, 2009   #8

Respuesta #3

Camilo1964
Senior Member

Caracas, Venezuela
Spanish - Venezuela

En Venezuela aún se lo oye en el lenguaje de las personas mayores de provincia o de campo. Y siempre que lo oigo me da cierta nostalgia porque me recuerda a mis abuelos y su insistencia en contra del tuteo y creo que es por ello que se duplica el posesivo para enfatizar el trato de cortesía.

Incluso lo he oído triple:

Es que su marido suyo de usted es un fullero de marca mayor y me perdona que se lo diga. (al igual que el personaje de Juan Jacob)

Camilo1964, Oct 21, 2009   #27

Elige las palabras que mejor llenan los espacios a continuación.

a. antiguo   b. rurales   c. pobre

Según la respuesta #2, la gente en México asocia la posesión doble con gente (1) _____. La respuesta #3 menciona que se asocia con lugares (2) _____. La persona que hizo la pregunta sugiere que es una forma del español _____.

Ahora lee la opinión de "María Elena", quien hizo este comentario sobre un artículo llamado "Ayer me encontré con su hermano de usted", publicado por la Universidad de Piura (Perú) por internet.[2]

MARÍA ELENA: "Ese rasgo es característico del español andino y en general, del español de América, pues varias lenguas amerindias, como el náhuatl, el quechua[3] y el maya yucateco presentan doble marca de posesión en la frase nominal. [. . .] Además, ya desde *El Cid*[4] se registran casos de doble posesivo, debido entre otras razones, al sincretismo del posesivo "su". Este rasgo gramatical tan característico del español andino se encuentra estigmatizado en determinados círculos sociales."

Ahora fíjate en el origen de la gente que produce la posesión doble en los ejemplos 1–5 arriba y también el origen de la gente que opina en el foro, y contesta estas preguntas:

1. ¿Dónde se encuentra el doble posesivo hoy en día?
2. ¿Por qué se estigmatiza en "determinados círculos sociales"?

En resumen, el doble posesivo es una estructura antigua, pero hoy en día se estigmatiza porque se asocia con gente rural y/o pobre y, en algunos países, con individuos indígenas.

4.4 La regularización verbal

Lee 12 oraciones a continuación[5] e indica para cada palabra en negritas: ¿son como tú las dirías? Si no, indica cómo las dirías en el cuadro que sigue.

1. *Me gustaría ir pa' Hawaii porque nunca **ha ido**.*
2. *Ellos siempre **ha comido** mucha carne.*
3. *Yo no los **ha** visto aquí.*
4. *Yo **ha** sido muy suertudo.*
5. *Aquí **ha** vivido toda mi vida.*
6. *Y le quité la corona, y le **poní** otra.*
7. *Y luego el señor le dijo: "mira estaba así, así". Mi Papá **se ponió** a reírse.*
8. *Porque a veces hace mucho calor, siempre en la tarde y como mi 'amá me dijo hoy que me **poniera** un chor abajo de un pants.*
9. *No creía que había **rompido** fuente.*
10. *No tenía el estógamo **rompido**, nada na'más que el estógamo se veía muy colora'o y no me agarraron otra.*
11. *¿Tienes muchos hermanos y hermanas? - Nomás **tieno** una hermana y, am, cuatro hermanos.*
12. *No muchas veces porque no **tienemos** un computer.*

	Palabra	¿Es cómo tú la dirías?	Yo la diría así:
1.	ha	□ Sí □ No →	
2.	ha	□ Sí □ No →	
3.	ha	□ Sí □ No →	
4.	ha	□ Sí □ No →	
5.	ha	□ Sí □ No →	
6.	poní	□ Sí □ No →	

7.	ponió	□ Sí □ No →	
8.	poniera	□ Sí □ No →	
9.	rompido	□ Sí □ No →	
10.	rompido	□ Sí □ No →	
11.	tieno	□ Sí □ No →	
12.	tienemos	□ Sí □ No →	

¿Por qué a veces se dice *ha* en vez de *he* o *han*? Otra vez, tiene que ver con la **regularización**. Ya mencionamos este proceso lingüístico en el Capítulo 2 cuando estudiamos la inclusión de la – *s* en las formas de segunda persona singular del pretérito (*tú comistes*, *tú dijistes*, etc.). En otras palabras, la regularización es un proceso común que experimentan muchos idiomas y sus variedades tanto monolingües como bilingües. En este capítulo, nos enfocaremos en algunas regularizaciones que se dan en comunidades bilingües.

¿Por qué se sustituye *he* y *han* con *ha*, pero no se sustituye *ha* con *he*? Para investigar esta pregunta, mira el enlace del CREA en http://potowski.org/gramatica_variacion_enlaces_4. Aprieta el botón *consulta* y escribe en el espacio cada forma en el cuadro a continuación. Anota las respuestas.

		Número resultados			Número resultados			Número resultados
1ª persona	he		1ª	estoy		1ª	fui	
3ª persona	ha		3ª	está		3ª	fue	
1ª persona	bebí		1ª	escribo		1ª	tuve	
3ª persona	bebió		3ª	escribe		3ª	tuvo	

¿Por qué es más frecuente la tercera persona? Recuerda los sujetos que pueden tener las personas gramaticales siguientes:

Persona gramatical	Posibles sujetos	Persona gramatical	Posibles sujetos
1ª persona singular	yo	1ª persona plural	
2ª persona singular		2ª persona plural	
3ª persona singular		3ª persona plural	

Entonces, como la tercera persona es más frecuente, la forma de la tercera persona *ha* se extiende a otras personas gramaticales. Es decir, cuando los hablantes extienden el uso de *ha* a las demás personas gramaticales, están **regularizando** el patrón a favor de la forma más frecuente. Se ha encontrado el uso de *yo ha* en México y en Puerto Rico (Zentella, 1997). ¿Será que se encuentre también en España? Explica tu razonamiento pensando en lo que estudiamos en el Capítulo 3 sobre el uso del presente perfecto en España.

Además del uso de *ha* en vez de *he*, hay otros ejemplos de la regularización verbal del español de los Estados Unidos.[6] Se presentan en el cuadro a continuación.

Actividad 4.12 Anota la forma estándar de cada forma verbal.

Elemento	Forma regularizada	Forma estándar
Participio	1. Lorena había **escribido** una carta.	
	2. Hemos **rompido** la ventana.	
Pretérito	3. Yo **andé**[7] en la calle por tres horas.	
	4. Yo **poní** el libro en la mesa.	

Ahora ofrece una explicación para estas regularizaciones. Es decir, ¿por qué se llegan a dar estas formas? ¿Qué explicación se te ocurre para el uso de *tieno* y *tienemos* en los ejemplos 11 & 12?

En un foro de Wordreference, "Rosarina" les pide ayuda a los demás porque quiere convencer a sus amigos que *andé* no es una forma aceptada del pretérito del verbo *andar*. Lee la petición de Rosarina y los comentarios que siguen y contesta las preguntas a continuación.

Rosarina
New Member

español

Hola a todos,

estoy en medio de una discusión con mis compañeros de oficina que afirman que el pasado del verbo "andar" es "yo andé", cosa que para mi es definitivamente una bestialidad! Estoy confundida o que? están todos contra mí! Y aunque en las conjugaciones del word reference aparece el que para mí es obviamente el correcto "yo anduve", insisten en que están ambos aceptados y que decir "yo andé" es perfectamente correcto! Por favor, algún entendido en el tema que me dé una mano!
La cuestión es que yo soy argentina y en la escuela siempre me dijeron que "andé" es totalmente incorrecto y todos ellos son españoles. Puede ser que aquí en españa esté aceptado como bueno??
Mil gracias! Saludos!

Rosarina, Oct 30, 2006   #1

---

atenea_84
Senior Member

Valencia-España
spanish-Spain

jorge_val_ribera said: ↑

Aunque sé que **anduve** es la forma correcta, acá <u>todo</u> el mundo dice "andé". Aquí no es signo de falta de educación ni nada (como sí lo es **haiga** u otras cosas). Es más, insistir en decir **anduve** sonaría bastante pedante.

En Valencia (España) ocurre exactamente lo mismo.

Jigoku no Tenshi
Senior Member

Valencia - Venezuela
Venezuela-Castellano

No sé si en Valencia de España se escucha mucho "Ande" como pasado simple de andar, pero en el caso de Valencia de Venezuela, es "Anduve", y a pesar de cualquier otro error gramatical que puedan tener los pobladores de mi tierra, pobre del niño que se le ocurra decir eso, sobretodo en la escuela, porque si no lo fastidian sus compañeros por el error, la maestra lo corrige con la regla 😡 , no mentira, solo lo corrige hablando 🙂 . Pero hablando de chistes, ese detalle siempre se corrige, a un nivel que pasa esto:

Un hombre que tenía fama de aventurero le contaba su última travesía a sus amigos y les dice:

- Estaba en el campo perdido y conseguí un sendero y andé y andé

Los amigos le corrigen y le dicen -¡Anduve!, el hombre continua y les dice:

- Gracias, Si, Si, después, llegue a una carretera y andé y andé

Los amigos le corrigen y le dicen -¡Anduve!, el hombre continua y les dice:

- Gracias, no me equivoco mas y despúes llegue a un río pero como no había puente, me metí en el río y naduve y naduve

Para que vean que de tanto corregir, se puede llegar a confusiones

Jigoku no Tenshi, Oct 31, 2006   #15

1. ¿Se acepta *andé* en lugar de *anduve* en las gramáticas como la de la Real Academia Española? ¿Qué pasa cuando escribes *andé* en la computadora? ¿El corrector ortográfico (*spellcheck*) lo acepta?
2. ¿Se acepta *andé* en algunos lugares hispanohablantes? ¿Cuáles?
3. Explícale a un compañero la broma que cuenta el usuario "Jigoku no Tenshi".

4.5 El gerundio y el infinitivo

Lee estas oraciones producidas por hablantes bilingües en Tejas (1–5) y Nuevo México (6). Presta atención a las partes subrayadas.[8]

1. Pues yo hacía las cosas como ir a otras escuelas con el *student council* y representar el *senior class* en cosas que nosotros <u>estábamos</u> <u>hablando</u> de.
2. Durante el tiempo que . . . durante el tiempo que mi papá <u>estaba yendo</u> a la escuela, siempre no, no juntaban con los que no pensaban que iban a ser *you know* doctores o abogados.
3. Mi mamá es usualmente <u>está haciendo</u> la cena.
4. <u>Comiendo</u> vegetales y <u>haciendo</u> ejercicios son los básicos para quedarse con salud.
5. Recibí una carta <u>conteniendo</u> un cheque de quinientos dólares.
6. El gringo vino para Nuevo México, y comenzó <u>cambiando</u> todo.

¿Cómo dirías tú los verbos subrayados? Escoge entre (a) y (b):

1. (a) *estábamos hablando*   (b) *hablábamos*
2. (a) *estaba yendo*   (b) *iba*

3. (a) *está haciendo*   (b) *hace*
4. (a) *Comiendo . . haciendo*   (b) *comer . . . hacer*
5. (a) *contendiendo*   (b) *que contiene*
6. (a) *comenzó cambiando*   (b) *comenzó a cambiar*

Ahora pregunta a dos personas hispanohablantes qué verbo escogerían entre (a) y (b) en estas seis circunstancias.

¿Cuál es la diferencia entre los ejemplos (a) y (b) arriba? Los de (a) contienen un verbo en la forma del **gerundio** (el gerundio es la conjugación que acaba en – ando o – iendo). Los ejemplos (1a), (2a) y (3a), *estábamos hablando, estaba yendo* y *está haciendo*, son formas del gerundio **progresivas.** Se forma el progresivo con:

el verbo *estar*[9] conjugado + la forma del **gerundio** (– *ando*, – *iendo*).

Por ejemplo:

Estábamos durmiendo   *Seguía hablando*   *Viene pidiendo*
Estoy aprendiendo   *Va cantando*   *Andaba bebiendo*

Muchas oraciones que se expresan con una forma simple en español se pueden traducir con una forma progresiva en inglés, como en estos ejemplos:

Forma simple en español	Se suele expresar con la forma progresiva en inglés
1. Anoche **dormía** cuando llamaste.	*I was sleeping*
2. Normalmente a esta hora mi papá **prepara** la cena.	*is making*
3. **Hablábamos** de eso ayer.	*We were talking*

Por lo tanto, muchos hablantes bilingües del inglés y el español "importan" la forma progresiva del inglés (*was sleeping, is making, were talking*) al español en lugares donde muchos otros hablantes usarían la forma simple:

Forma simple en español	Forma progresiva en español, 'importado' del inglés
1. Anoche **dormía** cuando llamaste.	Anoche **estaba durmiendo** cuando llamaste.
2. Normalmente a esta hora mi papá **prepara** la cena.	Normalmente a esta hora mi papá **está preparando** la cena.
3. **Hablábamos** de eso ayer.	**Estábamos hablando** de eso ayer.

Actividad 4.13 Llena el cuadro con las posibles traducciones al inglés y después con la forma progresiva en español.

Forma simple, español	Posibles traducciones al inglés	Forma progresiva, español
Nosotros hablábamos.	a) *We used to talk* b) *We were talking* →	Estábamos hablando
Yo canto a las 4:00.	a) *I sing* b) *I am singing* →	Estoy cantando

Tú vas.	a) b)	
Tú ibas.	a) b)	
Mario comía con ella.	a) b)	
Mario come con ella.	a) b)	
Ellos caminan.	a) b)	
Mira, sale el sol.	a) b)	
¿Qué hacían los niños?	a) b)	

Efectivamente, se ha encontrado que en los Estados Unidos los bilingües usan más formas progresivas que los hispanohablantes monolingües (quienes usan más formas simples; ver Chaston, 1991; Klein, 1980, 1985; Romero, 2016) debido a la influencia del inglés.[10]

Otro uso muy común es el uso del gerundio en lugares donde otras variedades usarían el infinitivo, como viste en (4) y (5) y (6) arriba (*comiendo*, *haciendo* y *comenzó* cambiando). Veamos más ejemplos.

Actividad 4.14 Indica si las oraciones a continuación te suenan bien o no. Sería interesante comparar y sumar las respuestas de toda la clase.

Oración	¿Te suena bien? Sí o no
1. Comiendo afuera es caro.	
2. Necesito dinero para viajando.	
3. Mi mamá piensa que manejando en moto es peligroso.	
4. Es rico dormir después de comiendo mucho.	
5. Bailando bachata es divertido.	
6. La arrestaron por robando.	
7. Fumando es malo para la salud.	
8. Algunos dicen que estudiando de día es mejor.	
9. Muchos médicos opinan que durmiendo 7 horas es suficiente.	

Muchos bilingües criados en EE.UU. indican que una o más de estas oraciones les suena perfectamente bien. Entonces en sus sistemas gramaticales, el gerundio (*comiendo, nadando, viajando,* etc.) puede usarse en lugar del infinitivo (*comer, nadar, viajar,* etc.) en ciertos contextos. Potowski & Prieto-Mendoza (2015) presentaron una serie de oraciones a un grupo de 130 estudiantes bilingües en una escuela preparatoria de Chicago. Había contextos gramaticales diferentes. Los estudiantes indicaron su opinión sobre cada oración basándose en una escala de 1 (totalmente incorrecto) a 5 (totalmente correcto). Los resultados se encuentran en el Cuadro 4.1.

Cuadro 4.1 Respuestas de estudiantes bilingües en Chicago (Potowski & Prieto-Mendoza, 2015)

Contexto	Infinitivo	Gerundio
	1 = incorrecto, 5 = correcto	
1. Sujeto de la cláusula principal **Caminar/Caminando** *30 minutos por día es recomendable.*	*caminar* 3.7	caminando 3.7
2. Sujeto de la cláusula subordinada *Mi maestro considera que* **hacer/haciendo** *ejercicio mejora la salud.*	*hacer* 3.6	*haciendo* 3.5
3. Objeto de preposición *Necesito dinero para* **viajar/viajando**.	*viajar* 3.9	*viajando* 2.6

Se nota que estos hablantes bilingües aceptaron muchos usos del gerundio, por ejemplo como sujeto de la cláusula principal (1) y de la cláusula subordinada (2), pero los rechazaron como objetos de preposiciones (3).

Actividad 4.15 Vuelve a las oraciones de la Actividad 4.14 y decide a cuál de las tres categorías del Cuadro 4.1 pertenece cada una: sujeto de la cláusula principal (1), sujeto de la cláusula subordinada (2) u objetos de preposición (3). Agrega estos datos en el cuadro a continuación. Después, suma las respuestas de todos los miembros de la clase. ¿Van de acuerdo con los resultados del Cuadro 4.1 en cuanto a su grado de aceptabilidad?

Oración	(1), (2) o (3)	La mayoría de la clase dijo ¿sí o no?
1. Comiendo afuera es caro.		
2. Necesito dinero para viajando.		
3. Mi mamá piensa que manejando en moto es peligroso.		
4. Es rico dormir después de comiendo mucho.		
5. Bailando bachata es divertido.		
6. La arrestaron por robando.		
7. Fumando es malo para la salud.		
8. Algunos dicen que estudiando de día es mejor.		
9. Muchos médicos opinan que durmiendo 7 horas es suficiente.		

En un curso llamado "Errores comunes en el lenguaje periodístico" y luego citado en un blog llamado "Aberraciones del Espanglish" (http://aberracionesespanglish.blogspot.com/2012/09/), se lamenta lo que consideran el uso 'excesivo' del gerundio. Lee la cita del blog y después los comentarios abajo de wordreference.com y después contesta las preguntas a continuación.

1. "Respecto a los gerundios, aquí van unos magníficos ejemplos del **abuso** que se hace de ellos: 'Se ha producido una explosión en tal sitio, resultando heridas tal número de personas'; 'La página es muy completa, *siendo* muy fácil navegar por ella.' Estos gerundios se pueden sustituir perfectamente por una oración coordinada . . ., con nexo 'y': 'Se ha producido una explosión, y han resultado heridas tal número de personas' . . . Otro ejemplo de **mal uso** del gerundio: 'La mejor forma de superarlo es *enfrentándote* a ellos'. Aquí **se debería** usar el infinitivo en vez del gerundio, y decir 'es enfrentarte a ello'.

> (Fernández Hernández & Úcar Ventura,
> "Errores comunes en el lenguaje periodístico").

2.

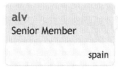

alv
Senior Member

spain

No sé si el uso del gerundio es correcto aquí:

Bastantes películas han usado este tipo de imágenes, pareciendo, a veces, películas de presupuesto más alto .

3a.

Valtiel
Senior Member

Catalunya, España
Castilian and Catalan

solysombra said:

¿Qué? ¿Es común también en España? ¿En todos los países **hispanohablantes**? No me digas...

La verdad es que el gerundio se está usando excesivamente estos últimos siglos, e incluso en casos totalmente incorrectos y sin razón de ser, por copia del inglés... Mi opinión es que siempre que podamos evitar el gerundio sustituyéndolo por otra expresión de significado equivalente o similar lo hagamos, para evitar fácilmente que se estropee aún más la lengua castellana.

3b.

Valtiel
Senior Member

Catalunya, España
Castilian and Catalan

Sí, es bastante curioso —por no decir lamentable— lo que le gusta a la gente usar vocablos o construcciones que no son propios de su idioma nativo. O hablamos castellano, o hablamos inglés —o el que sea—, pero no una mezcla de todos. Al final acabaremos hablando *espaingliporfranitalemindirusino* (por ejemplo)...

Es que una cosa es llenar un hueco en el diccionario o enriquecer el vocabulario, y otra muy diferente inventar expresiones y construcciones totalmente innaturales o agramaticales...

3c.

El Caballero
Audaz
Senior Member

Spanish - Catalan
(Spain)

> Valtiel said: ↑
>
> La verdad es que el gerundio se está usando excesivamente estos últimos siglos, e incluso en casos totalmente incorrectos y sin razón de ser, por copia del inglés... Mi opinión es que siempre que podamos evitar el gerundio sustituyéndolo por otra expresión de significado equivalente o similar lo hagamos, para evitar fácilmente que se estropee aún más la lengua castellana.
>
> Saludos...

¡Plas, plas, plas! Me niego rotundamente a usar (a sabiendas) giros ingleses, mientras exista su equivalencia en castellano.
Pero, espera, espera, que, al paso que vamos, día llegará en que sacaremos el polvo de la *carpeta* o haremos una barbacoa en la *yarda* ;-)

Preguntas

1. ¿A qué le echan la culpa estas personas del percibido incremento del uso del gerundio?
2. Dice "Valtiel" que no se debe "inventar expresiones y construcciones totalmente innaturales o agramaticales." ¿Crees que los bilingües que dijeron los ejemplos 1–6 al comienzo de la sección 4.5 inventaron una construcción "totalmente innatural"?
3. El desdén hacia el español en contacto con otras lenguas es palpable en estas opiniones. Nos recuerdan claramente del "dogma de homogeneocismo" (Blommaert & Verschueren, 1998) presentado en la sección 4.1. Además, piensa en la comunidad hispanohablante en Estados Unidos. ¿Qué actitudes negativas existen hacia estos individuos?

4.6 El subjuntivo y el indicativo

Las siguientes oraciones vienen de hablantes bilingües del español en los Estados Unidos.[11]

Actividad 4.16 Indica si el verbo en negritas está en la forma del indicativo o subjuntivo. Si quieres refrescarte la memoria sobre el indicativo y el subjuntivo, consulta el Capítulo 3. Después, indica si tú lo dirías de esa manera. Por último, pregúntale a un hispanohablante si lo diría de esa manera. Si tú y/o la persona que entrevistas lo dirían de otra manera, anota <u>cómo</u> lo dirían.

Ejemplo	Modo	Yo	La persona entrevistada
1. Espero que no me **toca** el mismo problema.	☐ indicativo ☐ subjuntivo	☐ Así lo diría yo ☐ No lo diría yo así, sino así:	☐ Así lo diría ☐ No lo diría así, sino así:
2. Yo voy a crecer y crecer hasta [que] yo **soy** un niño grande.	☐ indicativo ☐ subjuntivo	☐ Así lo diría yo ☐ No lo diría yo así, sino así:	☐ Así lo diría ☐ No lo diría así, sino así:

3. [Lo voy a hacer] cuando **termine** esto.	□ indicativo □ subjuntivo	□ Así lo diría yo □ No lo diría yo así, sino así:	□ Así lo diría □ No lo diría así, sino así:
4. Porque él quería que la gente mala encontrara pedazos de él para que ellos **hacía** [sic] más robots.	□ indicativo □ subjuntivo	□ Así lo diría yo □ No lo diría yo así, sino así:	□ Así lo diría □ No lo diría así, sino así:
5. No te dije que te **fueras**.	□ indicativo □ subjuntivo	□ Así lo diría yo □ No lo diría yo así, sino así:	□ Así lo diría □ No lo diría así, sino así:
6. No, [en el futuro] cuando ya **tengo** 16 años.	□ indicativo □ subjuntivo	□ Así lo diría yo □ No lo diría yo así, sino así:	□ Así lo diría □ No lo diría así, sino así:

¿Cuál es tu conclusión sobre el subjuntivo en los Estados Unidos?

- No se usa el subjuntivo nunca.
- A veces se usa el indicativo cuando la regla prescriptiva requiere el subjuntivo.
- Siempre se usa el subjuntivo cuando la regla prescriptiva lo requiere.

En el Capítulo 3 estudiamos el indicativo y el subjuntivo. Recuerda que se usa el subjuntivo cuando **no se afirma** cierta información porque es un deseo, una duda, no ha ocurrido, es una conjetura o se trata de una opinión. En los Estados Unidos, algunos hispanohablantes a veces emplean el indicativo cuando en otros dialectos se usaría el subjuntivo. Pero no solo ocurre en este contexto bilingüe: también ocurre en otros lugares entre hablantes monolingües. Por ejemplo, se ha documentado que en Argentina se disminuye el uso del subjuntivo en algunos contextos específicos, como se nota en los siguientes ejemplos de Guajardo (2010: 56):

Español normativo (con el subjuntivo)	Ejemplo en Guajardo (2010) de Argentina (con el indicativo)
Te llamo en cuanto **salga**.	Te llamo en cuanto **salgo**.
Pagálo cuando **vayas** al supermercado.	Pagálo[12] cuando **vas** al supermercado.
No lo voy a saber hasta que no **vaya**.	No lo voy a saber hasta que no **voy**.

Entonces, en este caso, lo que observamos entre los bilingües en los Estados Unidos no es un fenómeno único (Bookhammer, 2013). Se puede concluir, entonces, que se trata de una continuación de un fenómeno que ocurre en muchas variedades del español.

Abajo presentamos una opinión de wordreference.com sobre el reemplazo del subjuntivo con el indicativo en el Cono Sur (Argentina y Uruguay). ¿Qué pensaría este señor sobre los ejemplos de Guajardo (2010) señalados arriba?

Después presentamos comentarios sobre otras oraciones; el uso de las "caras" (*emojis*) también expresa las opiniones de la persona que las emplea. ¿Qué diría 'Vampiro' sobre los ejemplos que vimos arriba de Silva-Corvalán?

Adolfo Afogutu
Senior Member

Uruguay
Español

Hola:

Ejemplos como el primero que propone Polizón: "Cuando ellos vienen (vengan), iremos al museo", se escuchan a cada rato, por lo menos por estos lares. Yo los atribuyo a la falta de una educación formal adecuada, a que la gente lee poco y nada, y a la influencia negativa de la televisión. No sabría decir si estos ejemplos son hoy más comunes que en el pasado. Para poder afirmarlo, habría que poder consultar algún estudio que haya calculado la frecuencia de estos y otros usos incorrectos en el pasado y que la haya vuelto a calcular en el presente. El tema me parece muy, pero muy interesante, pero la verdad es que no tengo idea si se ha incrementado o no.

Vampiro
Senior Member

Emiratos Árabes
Chile - Español

Ejemplos:
- Cuando ellos vienen (vengan), iremos al museo.
- No creo que el iba (fuera) a hacer eso.
- Quien hace (haga) bulla, será expulsado.

- Nadie piensa que eres (seas) una mala persona.

Bien raros tus ejemplos...
Por decirlo de alguna manera.
Saludos.

4.7 El imperfecto y el pretérito (EE.UU.)

En el Capítulo 3 estudiamos el pretérito, que es un tiempo verbal que refiere al pasado. Aquí comparamos el pretérito con otro tiempo verbal que también se refiere al pasado: el imperfecto.

Actividad 4.17 Llena las células vacías con las formas verbales que corresponden. Puedes consultar el "Conjugador en línea" en http://potowski.org/gramatica_variacion_enlaces_4 u otra página de web para mayores detalles.

Persona gramatical	Pretérito	Imperfecto	Pretérito	Imperfecto
	caminar		comer	
yo		caminaba		comía
tú			comiste(s)	
vos	caminaste(s)			
ella/él/usted	caminó		comió	
nosotros/nosotras				comíamos
ellos/ellas/ustedes	caminaron			

Los infinitivos que acaban en *-ar*, como *bailar, estudiar, cansar*, etc. siguen el modelo de *caminar* y los que acaban en *-er* como *comer, crecer* o en *-ir* como *vivir* siguen el modelo de *comer*. Para practicar más, conjuga los siguientes verbos usando el modelo en la Actividad 4.17: *crecer, estudiar, vivir, prohibir*. ¡Ojo con los acentos en la tercera persona singular (*él, ella, usted*)! Sin acento, el verbo puede tener otro significado.

Actividad 4.18 Compara las siguientes palabras que se pronuncian marcando la sílaba subrayada y apunta qué significan:

1. entró vs. entro
2. cambió vs. cambio
3. llamó vs. llamo

Ya que el acento afecta el significado de estas palabras, vale la pena memorizar esta regla: **Casi todos los verbos de la tercera persona singular llevan acento sobre la última vocal en el pretérito.**

Actividad 4.19 Escoge entre las dos opciones de palabras para que la oración tenga sentido.

1. Ella □ contribuyo □ contribuyó . . . a un blog sobre la inmigración.
2. Nos estábamos preparando para ir a la fiesta cuando □ entro □ entró . . . una llamada.
3. Cuando la pusieron en mis brazos, fue algo tan especial, y desde ese instante me □ enamore □ enamoré . . . de ella.
4. Pero no me quedaba otra y me puse a trabajar con él . . . Pero todo □ cambio □ cambió . . . . cuando se □ enfermo □ enfermó.

Ahora repasemos el verbo *ser*, que es de alta frecuencia. Es irregular tanto en el pretérito como en el imperfecto.

Actividad 4.20 Llena el cuadro abajo para repasar las formas de *ser*.

Algunas conjugaciones del verbo *ser*

Persona gramatical	Pretérito	Imperfecto
yo		
tú		
vos	*fuistes*	
ella/él/usted		
nosotros/nosotras		*éramos*
ellos/ellas/ustedes	*fueron*	

Actividad 4.21 Lee el ejemplo a continuación de una mujer mexicana (del Corpus WA-MT), y subraya los ocho verbos que aparecen en el pretérito o en el imperfecto. Después colócalos en el cuadro e indica si están en el pretérito o el imperfecto.

Cuando yo <u>estaba</u> chica, ese era mi sueño, estudiar. Estudiar porque a mí me gustaba mucho la escuela . . . . cuando yo voy pa'lla [a México] dice mi papá: "¡Ay mi'ja cómo no te dejé estudiar! Si tú hubieras estudiado, tú hubieras llegado a ser algo". Le digo: "pos sí pero es que tú decías que no, que las mujeres ¿para qué?, las mujeres no ocupan estudio, se casan y ya." . . . . y . . . me casé y todavía soñaba con la escuela. A mí me gustaba mucho la escuela.

Verbo	¿pretérito o imperfecto?
1. estaba	imperfecto
2.	
3.	
4.	
5.	
6.	
7.	
8.	

En general la diferencia entre estos dos tiempos pasados, el pretérito y el imperfecto, es una cuestión de si se percibe una situación como **completa** en un contexto pasado o no. Si es una situación con un fin definido, se emplea el pretérito, pero si no, se emplea el imperfecto. Usando esta definición, ofrece una razón por la cual los verbos en la Actividad 4.21 aparecieron en el imperfecto o en el pretérito. **OJO**: No es el caso que las acciones expresadas con el imperfecto necesariamente sigan ocurriendo el día de hoy. Por ejemplo, compara las oraciones (a) y (b):

a. Cuando era niña, **comí** piedras.   Cierta cantidad de veces. **Ya no lo hago**.
b. Cuando era niña, **comía** piedras.   Con frecuencia. **Ya no lo hago**.

Ya que se usa el pretérito para las situaciones que se perciben completas, cuando hablamos de eventos que pasaron en un tiempo específico, se suele usar el pretérito. Por ejemplo, si decimos *ayer* o *la semana pasada* y si se refiere a un evento que terminó, se usa el pretérito. Considera los ejemplos abajo. ¿Qué tendríamos que añadir para que las versiones 'b' tengan sentido?

1a. Ayer tomé el examen.
1b. Ayer tomaba el examen . . . .

2a. La semana pasada fuimos al cine.
2b. La semana pasada íbamos al cine . . . .

Hemos dicho que se usa el pretérito para referirse a las situaciones completas. Pero hay ciertos tipos de verbos que en general parecen referirse a situaciones que no terminan. Estos verbos se llaman **verbos estativos**. Por ejemplo, los verbos *ser* y *estar* que se estudiaron en el Capítulo 3 son estativos. Los dos verbos significan 'to be'. Considera los siguientes enunciados en inglés. ¿Traducirías *was* al español con el verbo en el pretérito o en el imperfecto? Traduce los siguientes enunciados y pide a dos hispanohablantes criados en Estados Unidos que también lo hagan.

Inglés	Mi traducción al español	¿Usé el pretérito o el imperfecto?
1. *Yesterday was a beautiful day.*		
2. *Amalia was very happy yesterday.*		
3. *Yesterday was Friday.*		

Resulta ser que en estas oraciones, mucha gente en América Latina y en España optaría por el **pretérito**, mientras muchos bilingües en los EEUU usarían el **imperfecto** (Cuza & Miller, 2015; Montrul, 2002; Silva-Corvalán, 1994, 2014). Sin embargo, según Silva-Corvalán, estos usos no dificultan el entendimiento del orden de las acciones en las narrativas (1994: 75). Es decir, esta simplificación lingüística (la sustitución del imperfecto en vez del pretérito) no afecta el nivel de información ni la comprensión de los oyentes.

A pesar de este hecho, igual que con la *a personal*, algunos lingüistas han argumentado que este uso del imperfecto en los contextos donde los monolingües usarían el pretérito es una seña de la adquisición "incompleta" de la gramática. Vuelve a leer la cita de Otheguy (2016) que vimos en la Sección 4.2 y discute este tema: ¿Es el uso del imperfecto en ejemplos como las oraciones que tradujiste en 1–3 una señal de una gramática española incompleta?

4.8 La alternancia de códigos

Este fenómeno es quizás uno de los más comentados del español estadounidense: la alternancia entre el español y el inglés.

Actividad 4.22 Lee los enunciados a continuación. Indica si crees que suenan naturales – es decir, si crees que los podrías escuchar (la pregunta NO es si te parecen "bien" o no, sino si crees que alguien los podría decir en un contexto natural).

Ejemplo	Sí	No
1. No estudiaron, *so they failed the exam*.		
2. ¿Conoces a esa chica *who lives with Olivia*?		
3. *Pedro got mad and then he* salió.		
4. Nos vemos a las diez, *right*?		
5. Juan está bailand*ing* con su novia.		
6. *I love your shoes!* ¿Dónde los compraste?		
7. *She had* venido antes.		
8. ¿Cuándo *will you visit us*?		
9. Él no *is very friendly*.		
10. Fuimos al cine *and then to the mall*.		

¿Hay acuerdo entre los miembros de la clase?   Sí   No

Suele haber mucho acuerdo en las respuestas a la Actividad 4.22 entre los estudiantes que se criaron en Estados Unidos hablando español e inglés. Esto se debe a que comparten un **sistema de patrones** que dicta cuándo se puede cambiar de lenguas (o "códigos") y cuándo no. Aunque quizás no sepan decir exactamente por qué algunos de los ejemplos suenan bien y otros no, su consenso parte del hecho de que el cambio de códigos, como todo sistema lingüístico, **no** es al azar (*random*).

El **cambio de código** (*code-switching* en inglés) es muy común en todas partes del mundo donde existe el bilingüismo. En el *Diccionario de Sociolingüística*, el cambio de código se define de la manera siguiente:

" . . . *instances when speakers switch between codes (languages or language varieties) in the course of a conversation. Switches may involve different amounts of speech and different linguistic units – from several consecutive utterances to individual words and morphemes . . .* "

(Swann et al., 2004: 40)

Muchos investigadores han encontrado que el cambio de código no es al azar sino que es **sistemático** – es decir, sigue patrones, como todo sistema lingüístico natural. Por ejemplo, Poplack (1980) distinguió entre dos tipos principales de cambios de código, presentados en el Cuadro 4.2.

Cuadro 4.2 Tipos de cambios de código (Poplack, 1980)

Inter-oracional ("inter" = <u>entre</u> dos oraciones separadas)	¿Por qué se lo dijiste? *It was supposed to be a surprise.*
	They were waiting for hours. Por fin salió el tren.
Intra-oracional ("intra" = <u>dentro</u> de una oración)	*My cousins* querían viajar con ellos.
	Lo invitó *to the prom*.

Los cambios de código inter-oracionales son un poco más 'sencillos' porque se trata de oraciones completas en cada lengua:

1. Oración completa en español. Complete sentence in English.
2. Complete sentence in English. Oración completa en español.

Por otra mano, los cambios de código intra-oracionales son más complicados porque ocurren dentro de una sola oración:

3. One sentence with algo de español and some English.
4. Cualquiera de las lenguas puede aparecer at the beginning, middle, or end.

¿Por qué es más complicado cambiar de códigos dentro de una sola oración? Porque hay que saber en qué puntos – es decir, entre qué elementos – se puede cambiar. No se puede hacer en cualquier punto. Por eso en la Actividad 4.22 muchos hablantes rechazan las oraciones 3 (*Pedro got mad and then he* salió), 5, 7, 8 y 9: suenan raras porque la gente no suele hacer los cambios de esa manera.

Los estudios lingüísticos han revelado que el cambio de códigos sigue unas tendencias muy fuertes. Es decir, la **sistematicidad** de estas prácticas verbales ha sido comprobada empíricamente (Thomason, 2001). Por ejemplo, en un estudio muy famoso, Poplack (1980) propuso dos "restricciones" que parecen explicar bien dónde sí y dónde no se puede cambiar de códigos: la restricción de la equivalencia estructural y la restricción del morfema libre.

1. La **restricción de la equivalencia estructural** (*equivalency constraint*). Esta restricción dice que solo se cambia de código en puntos en los cuales las estructuras de los dos idiomas son equivalentes. Cada lengua tiene su propio sistema sintáctico. En algunos puntos, las estructuras sintácticas subyacentes coinciden, pero en otros no. Es como si fueran unas vías de tren: se puede cambiar de vía solo en puntos donde haya coincidencia de ruta:

Aquí **sí** se puede cambiar de códigos   Aquí **no** se puede cambiar de códigos

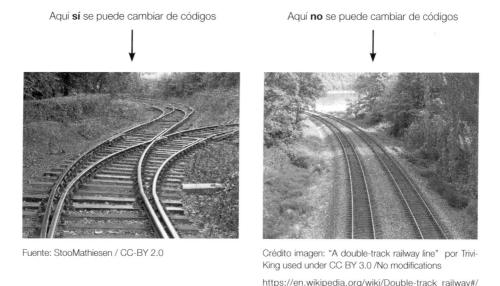

Fuente: StooMathiesen / CC-BY 2.0   Crédito imagen: "A double-track railway line" por Trivi-King used under CC BY 3.0 /No modifications

https://en.wikipedia.org/wiki/Double-track_railway#/media/File:Twin_track_of_train_rails_in_a_wooded_area.JPG

Mirando la Figura 4.1, vemos que *I told him that pa' que la trajera fast* es posible porque los cambios ocurren entre dos "cajas" sintácticas: las estructuras coinciden. Pero *"Yo le told him that"* no se da porque "rompe" la caja sintáctica, violando una estructura sintáctica.

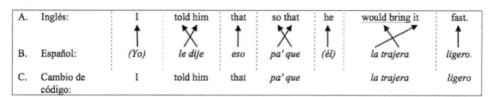

Figura 4.1 Cajas sintácticas de Poplack

Crédito: Poplack, Shana 1980. Sometimes I'll start a sentence in English y termino en español. *Linguistics* 18 (7/8), 581–618. Berlin: De Gruyter.

Algunos ejemplos de equivalencia entre el español y el inglés aparecen en el Cuadro 4.3.

Cuadro 4.3 Puntos **posibles** para el cambio de código

entre sujeto y predicado*	*His daughter* se enfermó la semana pasada.
entre verbo y objeto directo	*They sell* todo tipo de carros.
entre el verbo *estar* y gerundio	Por fin, estamos *trying that new diet.*
entre el verbo *ser* o *estar* y adjetivo	Sus hijos son *really smart.*
entre un verbo que introduce una cita directa y esa cita	*I was playing with the video game when he yelled* "yo también quiero jugar".
entre preposición y el objeto de esa preposición	*I am not cleaning up after* esos cochinos.
entre oraciones unidas por una conjunción**	Apúrate *or we're going to be late.*

(adaptado de Poplack, 1980)

*El predicado = Parte de la oración en la que se dice algo del sujeto; contiene un verbo (e.g. *ha cambiado*) y, en el caso de que el verbo tenga objetos (e.g. *su horario de trabajo*), el predicado incluye el verbo y sus objetos.
**Las conjunciones más comunes son *y* y *o*.

Y en el Cuadro 4.4, presentamos unos ejemplos de cambios de código que violarían esta restricción (i.e. no se dan).

Cuadro 4.4 Puntos **poco probables** para el cambio de código (adaptado de Poplack, 1980; Lipski, 2008: 232)

1. Pronombre objeto + verbo	**she* lo *wants /*she wants* lo
2. Pronombre sujeto + verbo	* yo *went to school/* I* fui a la escuela
3. *haber* como verbo auxiliar + participio	**she had* venido ayer/* ella ha *arrived yesterday*
4. 'No' + verbo	* él no *is very friendly*
5. Pronombre interrogativo* + verbo	* ¿Cuándo *will you visit us?*

*Los pronombres interrogativos son: *¿Qué?, ¿Quién(es)?, ¿Dónde?, ¿Cuándo?, ¿Cuál(es)?* y *¿Cuánto/a/os/as?*

Actividad 4.23 Mira las oraciones a continuación y explica por qué no serían muy probables, usando las cinco descripciones del Cuadro 4.4.

Oración	¿Por qué no sería muy probable? Razón 1, 2, 3, 4 o 5
1. El doctor me *gave a prescription.*	
2. Ustedes no *wanted to listen to me.*	
3. *My brother wanted to go but he* cambió de idea.	
4. *When* vieron a Pablo?	
5. *They have* ido a Puerto Rico cinco veces.	
6. Nosotros *ate all the food.*	
7. Su hijo le *told that he needed a ride.*	

Los estudiosos proponen que cambiar de código y seguir las restricciones mencionadas arriba requiere de un nivel bastante alto de habilidad en los dos idiomas. Por ejemplo, Poplack encuentra que la proficiencia en español está ligada a los patrones de cambio de código: los bilingües con niveles altos de español e inglés hacen más cambios intra-oracionales, mientras que los que tienen un conocimiento menor de una de las lenguas se limitan a los cambios inter-oracionales porque son menos complicados.

2. La **restricción del morfema libre** (*free morpheme constraint*). Esta restricción dice que no se puede cambiar de código entre dos morfemas ligados. Los morfemas tienen que ser libres para que se pueda cambiar entre ellos. ¿Qué es un morfema? ¿Cuáles son los morfemas ligados y libres? Un morfema es la unidad lingüística más pequeña que contiene significado. Por ejemplo, *-ndo* de la palabra *comie**ndo*** se considera un morfema porque significa que un evento está en progreso. Un morfema ligado no se puede separar de su raíz y funcionar solo como palabra con sentido, como las partes subrayadas a continuación:

gat**os**   discut**ieron**   ley**endo**
fui**mos**   **pre**dispuesto   pens**aras**

¿Cuál de los ejemplos de la actividad 4.22 se trata de un morfema ligado?

¿Es común el cambio de códigos? En algunas poblaciones en EE.UU., es la forma natural de comunicarse. Es decir, es la variedad de español que se emplea cuando dos bilingües se comunican en contextos familiares (cf. Betti, 2013). Es extendido no solo en el suroeste (cf. Lance, 1975; Peñalosa, 1980; Sánchez, 1983, 1994; Smith, 2006; Montes-Alcalá, 2007) sino en el noreste (cf. Zentella, 1997; Torres, 2003), el sureste (Staczek, 1983; Baca, 2000; Smith, 2006) y el medio-oeste (Torres & Potowski 2016).

Otra pregunta relevante sobre los cambios de código es ¿**por qué** se hace? A veces un hablante cambia de una lengua a otra porque le viene a la mente una palabra más rápido que otra. También puede ser porque desconoce cierta palabra en una de sus lenguas. Sin embargo, estas no son las explicaciones para la mayoría de los casos. Zentella (1997) encontró que en un corpus de miles de cambios de código producido por un grupo de cinco niñas, en el 75% de los casos, sabían perfectamente decir en español lo que habían producido en inglés. Esto lo sabía la autora porque dentro del corpus, en otras ocasiones, las hablantes habían producido esas mismas palabras en español.

Entonces ¿por qué diría una persona *scissors* un día, pero *tijeras* otro día? Diversos autores postulan que en la mayoría de los casos, los cambios de código se hacen para expresar funciones pragmáticas y discursivas (Gumperz, 1977, 1982; Myers, Scotton, 1993; Zentella, 1997). Entre estas funciones pragmáticas se encuentran:

a. Marcar el cambio de tópico del que se habla
b. Dar énfasis o aumentar intensidad
c. Clarificar o traducir algo
d. Citar a una persona
e. Hacer un comentario metalingüístico (sobre la lengua).
f. Hacer comentarios parentéticos para crear solidaridad (con el interlocutor) entre los miembros de un grupo étnico
g. Expresar el respeto a la lengua dominante del interlocutor.

Actividad 4.24 Examina los siguientes ejemplos de cambio de código de Zentella (1997: 94–96) y trata de decidir la razón pragmática. OJO: No siempre es posible saber a ciencia cierta el por qué detrás de un cambio de código.

Oración	Posible motivo del cambio de código A-G
1. El me dijo, "*Call the police*" pero yo dije . . .	
2. Vamos a preguntarle . . . *It's raining*!	
3. Le dio con irse para – *You know Lucy*?	
4. Ella tiene – *Shut up! Lemme tell you*!	
5. ¿No me crees? *You don't believe me*?	

4.9 Los préstamos y las extensiones

Un préstamo (*borrowing* o *loanword* en inglés) es una palabra que se integra al sistema gramatical del español. Es decir, se pronuncia como otras palabras españolas y se les da marcas gramaticales. Por ejemplo, el verbo *taipear* 'to type' aparece con las terminaciones verbales que estudiamos en los capítulos anteriores: *yo taipeo, tú taipeas, nosotros taipeamos*, etc. Lo mismo pasa con *chequear, janguear*, y otros verbos, como se ve en el ejemplo aquí del Corpus WA/MT en que se presta la palabra *play* del inglés:

"Orita cuando acabamos[13] *art* vamos a ir a **pleiar** *Around the World*."

Actividad 4.25 Lee los siguientes ejemplos del NMCOSS. Después indica para cada ejemplo cuál sería la palabra inglesa (en algunos casos es igual) y cuál otra palabra (o palabras) se podría usar en español.

---

1. A arrear (*manejar*) maquinaria. Porque yo arreaba gatos, arreaba . . **trocas**.
2. Y lueo ya no pude ir más porque era muy lejos pa' 'garrar el **bos** pa' venir a **high school**.
3. Y luego nos pegaba con la **rula**, era a fregazos.
4. Sí celebraban el año nuevo, pa' **Crismes** y todo eso.
5. . . . ando buscando una maquinita pa' echar unos **nicles** el – el tiempecito que tenía, pues sí en el lobby vide[14] una que estaba – una entre medio y vine y agarré tres **nicles**.
6. yo trabaja en el **fil**.
7. no era que porque yo quería **quitear** [se pronuncia la primera sílaba como 'quit' [kwɪt] en inglés] la escuela, era porque en ese tiempo mi mamá y mi papá se habían divorciado.

	Ejemplo	Palabra inglesa	Otras palabras posibles en español
1	troca	truck	camión, camionetas
2.1	bos		
2.2	high school		
3	rula		
4	Crismes		
5	nicle		
6	fil		
7	quitear		

Las palabras en los ejemplos 1–7 son préstamos. Otros ejemplos incluyen *bate* ('bat'), *escore* ('score'), *chuchain* ('shoeshine'), *rumi* ('roomie'), *estrés* ('stress'), *interbiú* ('interview') y *picáp* ('pickup'). Existen también variación en los préstamos:

> *chequear* y *checar*
> *taipear* y *tipear*
> *escor* y *escore*

Es muy común que se presten palabras entre lenguas. Por ejemplo, *almohada* y *ajedrez* vienen del árabe, *avenida* y *burguesía* vienen del francés, *aguacate* y *chocolate* vienen del Náhutal, y *alpaca* y *cóndor* vienen del Quechua (Dworkin, 2012).

Una pregunta muy interesante es **por qué** se prestan algunas palabras pero otras no. En un estudio de 41 idiomas, Tadmore (2009: 64) encuentra que las palabras que más se prestan son las que tienen que ver con los temas siguientes:

> la religión y las creencias, la ropa y el cuidado personal, la vivienda, la ley, relaciones sociales y políticas, agricultura y vegetación, y la comida y la bebida

Las palabras que menos se prestan son las palabras gramaticales como los pronombres.

En un estudio del español hablado en Nuevo México, Clegg (2010) divide los préstamos en varias categorías mostradas en el Cuadro 4.5. ¿Puedes pensar en más préstamos del inglés en el español en estas categorías?

Cuadro 4.5 Categorías semánticas de préstamos (Clegg, 2010)

Categoría semántica	Ejemplos
Los automóviles, el transporte	bos (*bus*), bogue (*buggy*), troca (*truck*)
El alcohol	juisque (*whisky*), guaino (*wino*)
La comida	bacon, bifstek, aiscrín (*ice cream*)
Computadoras, la televisión, la tecnología	televisión, telefón, internet
La política, el derecho, el crimen	gang, tajaciones (*taxes*), judge
La religion	deacon, bible school, temple
La medicina, la salud	vaselina, pink eye, medecín (*medicine*)
La vivienda	frízer (*freezer*), esprín (*box spring*), garach (*garage*)
El campo, la naturaleza	*elque* (elk), *fil* (field)
La familia	daddy, mom, grama (*grandma*)
El trabajo	fish hatchery, youth corp, business
La educación	jáiscul (*high school*), rula (*ruler*), prom
La guerra	army, draft, sobmarina (*submarine*)
Los días festivos	crismes (*Christmas*), Thanksgiving, Santo Clos
El dinero	cheque (*check*), nicle (*nickel*), cuara (*quarter*)
Los números y las fechas	fifties, sixties, July
La gente	jipi (*hippie*), trampe (*tramp*), Hispanic
Otras	beach, chanza (*chance*), circle

Ya hemos visto que hay ciertas categorías de préstamos comunes. Ahora podemos preguntarnos, ¿por qué se prestan estas palabras? Muchas veces es porque el préstamo llena 'un hueco conceptual' en la lengua que lo recibe; es decir, no existe una palabra para referirse al concepto nuevo (Weinreich, 1968). Por ejemplo, al incorporar la palabra *jipi* (hippie) del inglés, no se reemplazó ninguna palabra española ya existente.

Otras veces, los hablantes incorporan los préstamos porque el *concepto* al que hace referencia es *culturalmente diferente* de aquel en español. Otheguy y García (1993) condujeron un estudio interesante con 25 latinos que habían inmigrado a Nueva York después de los 18 años de edad. Todos llevaban un mínimo de 15 años viviendo en la ciudad y habían criado a sus propios hijos en Nueva York. Se les entrevistó dos veces en español: la primera vez acerca de sus experiencias familiares, laborales y escolares en Latinoamérica y, dos meses después, les hacían las mismas preguntas pero enfocadas en sus hijos criados en Nueva York. Los investigadores encontraron que los hablantes usaron muchos más préstamos del inglés – ¡cinco veces más! – en la segunda entrevista. Algunos ejemplos eran *lunchroom*, *bildin*, e *Easter*. Es importante notar que el uso de estos préstamos **no** se debía a una falta de vocabulario en español, porque también se encontró *comedor escolar*, *edificio*, y *Semana Santa* en las entrevistas con estas mismas personas. Una clara conclusión de esta investigación es que los bilingües son muy precisos a la hora de escoger una palabra: para hablar de los comedores escolares en América Latina se dice *comedor escolar*, mientras para hablar de éstos en Nueva York, se dice *lunchroom*.

Los autores propusieron que los <u>conceptos</u> son diferentes en los dos contextos, y por eso requieren el término prestado en el contexto de Nueva York:

> "In Latin America, *comedores* are conceptualized as spaces devoted to eating in general, at all times of the day, that can be found in private homes as well as in institutional buildings (thus the need to add the clarification *escolar* when the room is in a school). [. . .] In North America, the *lunchroom* is conceived of as a place whose primary purpose is the consumption of the noon meal, and that is found only in institutions. [. . .] Bilinguals, known for their disregard for linguistic boundaries, simply use the culturally appropriate name for each item."
>
> (Otheguy & García 1993: 142–3)

Los *principals*, a diferencia de los *directores de escuela*, dirigen las escuelas sin enseñar en ellas, un concepto nuevo para muchos entrevistados. El préstamo más común, *bildin*, según los autores, sufría de una doble transposición: primero, muchos lugares que para los participantes representaban *edificios*, se llamaban *houses* en inglés. Segundo, lo que se consideraba *building* en Nueva York – una estructura enorme y frecuentemente dilapidada, que suele inspirar repugnancia y miedo (como un *tenement hall*) – era de forma y carácter muy diferente a lo que se consideraba *edificio* en Latinoamérica: una estructura más pequeña que invocaba admiración y respeto. Otheguy y García nos recuerdan que estos usos de préstamos no tratan de ninguna "pereza cultural." Más bien, los referentes son de algún modo diferentes en la mente de los bilingües.

Otro tema interesante relacionado con los préstamos son los artículos que acompañan a los sustantivos. Hemos visto que los préstamos pueden ser verbos o sustantivos. Repetimos aquí los préstamos **sustantivos** de unos ejemplos anteriores:

1. arreaba .. **trocas**.
2. el **bos** pa' venir a **high school**

3. la **rula**
4. pa' **Crismes**
5. unos **nicles**
6. yo trabaja en el **fil**.

Noten que cuatro de los préstamos sustantivos aparecen después de un artículo (*el*, *la*, *los*, *las*, *un*, *unos*, *una*, *unas*). ¿Cuáles son?

Como vimos en el Capítulo 2, los artículos en español concuerdan con el sustantivo en género. Es decir, si el género del sustantivo es masculino, le acompaña un artículo masculino (*el*/*un libro*, *los*/*unos libros*), pero si el sustantivo es femenino, le acompaña un artículo femenino (*la*/*una cuchara*, *las*/*unas cucharas*). Vemos que entre los cuatro préstamos arriba que aparecen con artículos, solo uno aparece con un artículo femenino (*la rula*).

En una investigación de préstamos ingleses en el español de Nueva York, Otheguy & Lapidus (2005: 149) reportan que el 87% de los sustantivos prestados eran masculinos y el 13% femeninos. Si el género masculino es mucho más frecuente, ¿por qué le dan los hablantes el género femenino a la palabra *rula*? Puede ser porque la palabra acaba en – *a* y, como vimos en el Capítulo 2, las palabras que acaban en – *a* normalmente son femeninas. Otra razón posible es que la palabra equivalente española – *la regla* – también es femenina. Claro que el hablante tiene que saber la palabra *regla* para poder asociar *la rula* con *la regla*. Esta asociación del género de la palabra equivalente española con el préstamo ocurre más en los textos bilingües escritos, como se ve en los siguientes ejemplos de Montes-Alcalá & Shin (2011), quienes estudiaron préstamos en textos literarios. Aquí el género de la palabra *key* cambia según el género de su equivalente en español:

1. *Los summers se los pasaba en <u>un private key</u>.*   *key* = **cayo**
2. *Tú tienes <u>las keys</u>. Yo te las entregué a ti.*   *key* = **llave**

Para concluir esta sección sobre los préstamos, consideremos un último tipo de préstamo muy común en el español de Estados Unidos que no se tratan de sustantivos: los **marcadores de discurso** como *so* (*entonces*), *and* (*y*), *you know* (*sabes*) y *I mean* (*es decir*/*o sea*). Los marcadores de discurso son conectores que no ejercen ninguna función sintáctica; los podemos quitar de la oración sin cambiar mucho el significado. Aparecen en diferentes partes de las oraciones y sirven para guiar la conversación de diferentes maneras:

Marcador de discurso	Lugar donde normalmente aparece	Función común
and (y)	al inicio	Conectar dos cláusulas; avanzar una narración
so (entonces)	antes de la conclusión	Marcar una conclusión o resultado; avanzar la narración
you know (sabes)	donde sea	Solicitar la evaluación del interlocutor sobre lo que se ha dicho
I mean (es decir/o sea)	donde sea	Corregir; clarificar; marcar certeza

Torres (2003) encontró que los marcadores *so* y *you know* eran los más frecuentes entre puertorriqueños de Long Island, Nueva York. Además, los hablantes con padres inmigrantes usaron menos marcadores de discurso ingleses en su español que los hablantes cuyos padres se habían criado en Nueva York. Es decir, a menor dominio del español, mayor era uso de los marcadores en inglés.

En Chicago, Potowski & Torres (en progreso) encontraron que los inmigrantes de origen mexicano y puertorriqueño usaron *so* y *entonces* en proporciones parecidas, pero los hijos y nietos de los inmigrantes – indicados con las etiquetas "G2" (segunda generación) y "G3" (tercera generación) en la Figura 4.2 – mostraban otros patrones. Estudia la Figura 4.2 y contesta las preguntas que la siguen.

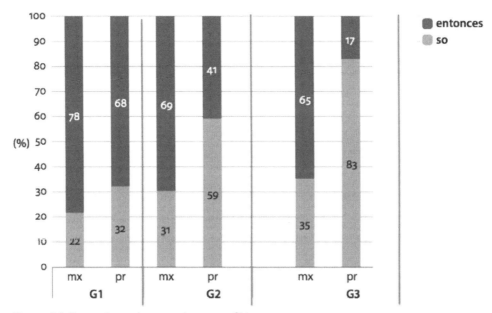

Figura 4.2 Proporciones de so y entonces en Chicago

(Potowski & Torres, en progreso)

Preguntas: ¿cierto o falso?

1. Los mexicanos usaron muchísimo más *so* con cada generación.
2. Los puertorriqueños usaron muchísimo más *so* con cada generación.
3. Los puertorriqueños de cada generación usaban más *so* que sus compañeros mexicanos de la misma generación.

Concluyeron las autoras que la presencia tan frecuente de *so* en el español de Chicago vuelve esta palabra un préstamo.

Las extensiones

Las **extensiones** son un poco más difíciles de reconocer. Son palabras que ya tienen cierto significado en el español de otros países, pero al estar en contacto con el inglés, se <u>extiende</u> la definición original para abarcar un nuevo significado. El nuevo significado no se suele ver en variedades de español fuera de los EE.UU.

Un ejemplo de una extensión la palabra es *colegio*. Fuera de los EE.UU., esta palabra tiene el significado de *escuela primaria*. Pero debido a su semejanza con la palabra inglesa *college*, dentro de EE.UU. la definición de esta palabra se ha extendido para también significar *college*. Algunos los llaman **cognados falsos** o "falsos amigos", pero cuando millones de personas usan estas extensiones, no hay nada "falso" de ellos. Otros ejemplos se presentan en el Cuadro 4.6.

Cuadro 4.6 Ejemplos de extensiones.

Palabra en español	Significado de la palabra española	Palabra en inglés	Significados de la palabra inglesa	Nuevo significado adicional de la palabra española en los EE.UU.
forma	Parámetro físico "*Tiene forma circular.*"	*form*	1. Parámetro físico 2. Papel a llenarse (*formulario*)	Papel a llenarse "*Por favor, llene esta forma.*"
aplicar	1. Dedicarse a; hacer esfuerzo en; poner esmero "*Se aplicó mucho y salió bien en el examen.*" 2. Ponerse algo, como una crema. "*Se aplicó el ungüento.*"	*apply*	1. Dedicarse a 2. Ponerse una crema 3. Pedir algo, como un trabajo o una beca (*solicitar*)	Pedir algo, como un trabajo o una beca (*solicitar*) "*Aplicó para el puesto de gerente.*"
realizar	Lograr "*La joven realizó su sueño de ser doctora.*"	*realize*	1. Lograr 2. Darse cuenta de algo	Darse cuenta "*Martín realizó que no iba a tener tiempo.*"
ministro	Persona que dirige un ministerio del gobierno de un país. "*El ministro de educación habló sobre la nueva reforma.*"	*minister*	1. Persona que dirige un ministerio de gobierno 2. Persona que dirige una congregación cristiana.	Persona que dirige una congregación cristiana. "*Después de la ceremonia religiosa, el ministro invitó a todos los feligreses al salón para tomar unos refrescos.*"
introducir	Conducir a alguien o algo al interior de un lugar o discurso. "*La secretaria nos introdujo al salón presidencial.*" "*Introdujo el tema al final de la reunión.*"	*introduce*	1. Conducir al interior 2. Presentar a una persona a otra persona.	Presentar a una persona a otra persona. "*La joven introdujo a sus padres a su nuevo amigo.*"
colegio	Escuela primaria y secundaria. "*La niña entra a clases en el colegio a las 8 a.m.*"	*college*	Institución educativa pos-secundaria (*universidad*)	Institución educativa pos-secundaria. (*universidad*) "*Martín se presentó al colegio este año.*"

Actividad 4.26 De las palabras a continuación, ¿cuáles son préstamos y cuáles son extensiones? Y ¿cuáles son las expresiones equivalentes en otras variedades de español fuera de los EE.UU.?

Oración	¿Préstamo o extensión	¿Cómo se dice en otros países hispanohablantes?
1. aplicar para una beca (*apply for a scholarship*)		
2. trabajar partaim (*part time*)		
3. tomar un breik (*take a break*)		
4. estar embarazada (*be embarrassed*)		
5. pagar los biles (*pay the bills*)		
6. atender todas mis clases (*attend*)		
7. escribir letras a mis abuelos (letters)		
8. moverse de ciudad (*move*)		
9. comprar un *queic* (*cake*)		
10. la ruta del árbol (root)		
11. escribir un papel (*write a paper*)		
12. no disturbes al perro (disturb)		
13. comprar las groserías (groceries)		
14. estoy relacionado con ella (related)		
15. Te introduzco a mi primo (introduce)		

Actividad 4.27 (1) Identifica los fenómenos de contacto que se encuentran en cada oración (vienen de Escobar y Potowski, 2016) y (2) decide si se trata de un préstamo léxico, cambio de código (intra- o inter-oracional) o una extensión.

1. Mañana van a inspectar la casa que compré.
2. Me voy a mover to a new neighborhood.
3. Tiene dos correos electrónicos.
4. Mi bos no quiere darme aumento.
5. Comí torque para Crismes.
6. Necesito comprar un nuevo bacuncliner.
7. No creo que llegue en tiempo.
8. Muchos estudiantes no toman ventaja de las scholarships.
9. Cuando lo realizan, ya es demasiado tarde para aplicar.
10. Tienen problemas pagando los biles.
11. Me olvidé de atachar el papel.

12. El maus de la computadora no funciona.
13. ¿En qué grado está tu hijo?
14. Me mandaron donde el principal y llamaron a mis padres.

Algunos usan el término *Spanglish* para describir estas prácticas lingüísticas. Sin embargo, otras personas – que NO critican estas formas de hablar – rechazan el uso de este término. ¿Es un término positivo, neutro o refleja y crea connotaciones dañinas? Los profesores Ana Celia Zentella y Ricardo Otheguy debatieron este tema en el 22o Congreso sobre el Español en Estados Unidos (febrero 2009, Coral Gables, FL).

Actividad 4.28 En http://potowski.org/gramatica_variacion_enlaces_4, mira el "debate sobre cómo llamar el Spanglish". Después, contesta las preguntas. RECUERDA: El debate **no** se trata de si estos usos del español están "bien" o no. Los dos autores son lingüistas y reconocen el valor y la sistematicidad de estas prácticas. Se trata de si se debe o no usar el término *spanglish* para describirlas.

¿Quién dijo qué?

a. La profesora Zentella

Crédito imagen: The Graduate Center, CUNY

b. El profesor Otheguy

__1. "Es inevitable que el término *spanglish* conlleve la idea de que el spanglish no es español. No debemos darles a los jóvenes esta idea de que no hablan español".

__2. "Usar el término *spanglish* es una forma de desafiar el rechazo de los jóvenes. [Vamos a] rescatar esa palabra, darle un sentido más positivo y echársela a la cara a la gente y decir "No, this is what it really means"".

__3. "¿Qué es lo que estamos haciendo para que las políticas de Estados Unidos no sigan oprimiendo y menospreciando la forma de hablar de estos jóvenes?"

__4. "No hay ninguna justificación para que la lengua popular de Estados Unidos tenga que tener un nombre especial como *spanglish*".

__5. "Decirle al pueblo que no use esta palabra no va a eliminar el uso de la palabra".

__6. "Me parece que es importante poder decirles a esos jóvenes . . . "Tú hablas español, pero necesitas adquirir . . . otras maneras de hablar[lo]", eso me parece más positivo a que una persona diga "I don't speak Spanish, I speak Spanglish"".

Algunos escritores y hasta comediantes han mostrado mucho aprecio por las prácticas de los bilingües latinos en Estados Unidos:

La escritora Gloria Anzaldúa

"For a people who are neither Spanish nor live in a country in which Spanish is the first language; for a people who live in a country in which English is the reigning tongue but who are not Anglo; for a people who cannot entirely identify with either standard (formal, Castilian) Spanish nor standard English, what recourse is left to them but to create their own language? A language which they can connect their identity to, one capable of communicating the realities and values true to themselves – a language with terms that are neither *español ni inglés*, but both. We speak a patois, a forked tongue, a variation of two languages."

(1999: 77)

El comediante Bill Santiago

"*Se me hace* hilarious *el hecho de que* Spanglish gets attacked *tanto por los* English fundamentalists *como por los extremistas del español*. Personally, I think of Spanglish as very pro-Spanish. I wage it as an act of *resistencia* against the assimilate-or-else mentality. **We are *lo que hablamos***. Indeed, what we speak formats our reality, *mientras a la misma vez* providing the means to articulate it. We Spanglishistas are often depicted as a bunch of degenerate *incultos* who resort to Spanglish *sólo porque* we don't know English or Spanish very well. OK, *a veces* that's a little true, but it doesn't explain my father, *un abogado* who spoke, read, and wrote both Spanish and English with native fluency *a un nivel muy profesional*. And he went back and forth between the two, *como le daba la gana*. I happen to speak two languages and use them both. What's so lazy-brained about that? I happen to have two legs, too, but nobody ever accuses me of being *perezoso* because I don't hop around on just one!"

Sin embargo, otros han criticado el uso de estos fenómenos lingüísticos.

Roberto González Echevarría

"El spanglish, esa lengua compuesta de español e inglés que ha desbordado las calles para irrumpir en programas de televisión y campañas publicitarias, es una amenaza para la cultura hispánica y el progreso de los hispanos hacia la cultura dominante en Estados Unidos. Los que lo toleran y hasta fomentan como una mezcla inofensiva no se dan cuenta de que en ningún caso se trata de una relación basada en la igualdad. El spanglish es una invasión del español por el inglés. La triste realidad es que el spanglish es principalmente la lengua de los hispanos pobres, muchos apenas alfabetos en cualquiera de las dos lenguas. Estos hablantes incorporan palabras y construcciones gramaticales inglesas en su lengua diaria porque carecen del vocabulario y la instrucción en español suficientes para adaptarse a la cambiante cultura en que se mueven."

La Asociación Norteamericana de la Lengua Española

Lee la información en http://potowski.org/hablando_bien y escribe un resumen de los argumentos de la autora y de los argumentos de la A.N.L.E.

Y un (a nuestro modo de ver) triste resultado es que muchos hablantes bilingües que emplean estas prácticas tan complicadas día a día en sus comunidades acaban internalizando cierta vergüenza por hablar el español así. Un estudio de Toribio (2002) mostró actitudes negativas de parte de cuatro jóvenes latinos bilingües de California sobre el cambio de código, indicando bien que les molesta que otros hablen así o que uno se ve menos inteligente hablando con cambios de código.

Actividad 4.29 Busca el término "Spanglish" por Internet. Anota dos (2) comentarios negativos que encuentres.

4.10 Resumen

En este capítulo hemos estudiado varios fenómenos gramaticales que surgen en los contextos en que el español está en contacto con otras lenguas. Empareja el ejemplo con su descripción; puedes usar las descripciones más de una vez.

__1.   La manzana **lo** compré en el mercado.
__2.   Cuando queremos plumas, __ compramos en la tienda.
__3.   Quiero **visitar mi hermana**.
__4.   **Su papá de ella** vive allí.
__5.   Yo nunca **ha ido** a Tegucigalpa.
__6.   Ella **andó** con él cinco meses.
__7.   ¿Me **estabas esperando**?
__8.   **Haciendo** ejercicio es sano.
__9.   Te voy a llamar en cuanto **aterriza** el avión.
__10. Ayer **era** un día bonito.
__11. No quiero ir, *but I don't have a choice*.
__12. Compró una nueva **troca**.
__13. Llegaron tarde **so** tuvimos que esperar.
__14. Quiere estudiar en **el colegio** de Harvard.

a.   Regularización
b.   Préstamo, sustantivo
c.   Préstamo, marcador de discurso
d.   Omisión de 'a' personal
e.   Omisión de objeto directo
f.   Gerundio en lugar del infinitivo
g.   Extensión
h.   Doble posesivo
i.   Indicativo en lugar del subjuntivo
j.   Cambio de códigos
k.   Imperfecto en lugar del pretérito
l.   Verbo + gerundio lugar del verbo simple

Hemos insistido a lo largo del capítulo en que la gramática de los bilingües es tan sistemática como la de los monolingües, incluso cuando la gente usa sus dos idiomas en la misma conversación. Repasa los procesos lingüísticos a continuación y discute con tus compañeros los ejemplos que los ilustran.

1. La simplificación

   a. Los pronombres objeto directo
   b. A personal
   c. La regularización verbal
   d. El subjuntivo y el indicativo
   e. El imperfecto y el pretérito

2. La influencia interlingüística

   a. La omisión del objeto directo
   b. Los posesivos dobles
   c. El gerundio y el infinitivo
   d. Las extensiones y los préstamos

3. La sistematicidad de la gramática de los bilingües

   a. La alternancia de códigos

Finalmente, hemos hecho hincapié en mostrar y subrayar los resultados del "dogma de homogeneocismo", que nos ayuda a entender el prestigio asociado con el español hablado por la gente monolingüe. Para concluir este capítulo, repasa dos ejemplos de opiniones que ilustran este dogma. Describe los fenómenos gramaticales que menciona la gente y discute por qué reflejan el dogma de homogeneocismo.

NOTAS

1 Estos datos provienen de Shin's Corpus of Spanish in Washington and Montana.
2 http://udep.edu.pe/castellanoactual/ayer-me-encontre-con-su-hermano-de-usted/
3 En el quechua, *pa* y – *n* son marcas de la posesión: *Huwan – pa wasi – n* significa "Juan su casa de él" (ejemplo de Godenzzi, 2010, cf. Soto Rodríguez & Fernández Mallat, 2012).
4 Obra literaria del Siglo XII de España.
5 1 y 2 son de Zentella (1997), 3–5 & 10 son del NMCOSS, 6–8, 11–12 son del Corpus WA-MT y 9 es del Corpus O-Z.
6 Estas regularizaciones también se encuentran en otros lugares. Por ejemplo, en un estudio con 164 hispanohablantes en Bogotá, Colombia, Nemogá & Kanwit (2018) encontraron que se produjeron formas regularizadas de *andar* en el pretérito como *andé* en vez de formas estándares como *anduve* frecuentemente (34% regularizadas, 66% estándares).
7 Como vimos con *han habido>ha habido* en el capítulo 2, el revisor de ortografía de Microsoft Word automáticamente cambia *andé* a *anduve*.
8 Ejemplos 1 & 2 vienen de hablantes en (Chaston, 1991, citado en Klee & Lynch, 2009: 239); ejemplos 3–7 vienen de hablantes en Romero (2016); ejemplo 6 es del NMCOSS.
9 También se puede usar otros verbos, como *ir, venir, seguir, andar*.
10 Aunque Pousada & Poplack (1982) no encontraron evidencia de que se aumente el uso del progresivo en los Estados Unidos.
11 Ejemplo #1 es de Silva-Corvalán, 1994: 42–43) y los demás de Silva-Corvalán (2014: 320, 329).

12 *Pagálo* es el mandato afirmativo de la forma *vos*.
13 "Nota el uso del indicativo *acabamos* donde muchos hablantes usarían el subjuntivo *acabemos* (como vimos en la Sección 4.6).
14 Fíjate en el uso de la forma *vide* que se estudió en el Capítulo 2. ¿En qué tiempo verbal está? ¿Lo dirías tú así o usarías otra forma?

REFERENCIAS

Anzaldúa, Gloria. 1999. *Borderlands/La frontera*. 2nd Edition. San Francisco: Aunt Lute Press.

Baca, Isabel. 2000. English, Spanish or los dos? Examining language behavior among four English/Spanish bilingual families residing on the El Paso, Texas/Juarez, Mexico border. PhD Dissertation, New Mexico State University. Las Cruces, New Mexico.

Benmamoun, Elabbas, Silvina Montrul, & Maria Polinksy. 2010. *White Paper: Prolegomena to Heritage Linguistics*. Cambridge, MA: Harvard University Press. Accessed on January 24, 2018: https://scholar.harvard.edu/mpolinsky/publications/white-paper-prolegomena-heritage-linguistics

Betti, Silvia. 2013. La ilusión de una lengua: El Spanglish, entre realidad y utopía. In Domnita Dumitrescu y Gerardo Piña-Rosales (eds.), *El español en los Estados Unidos: ¿E pluribus unum? Enfoques multidisciplinarios*, pp. 189–216. Nueva York: ANLE.

Blommaert, Jan & Jef Verschueren. 1998. The role of language in European nationalist ideologies. In Bambi Schieffelin, Kathryn Woolard, & Paul Kroskrity (eds.), *Language Ideologies: Practice and Theory*, pp. 189–210. New York and Oxford: Oxford University Press.

Bookhammer, Kevin. 2013. The variable grammar of the Spanish Subjunctive in second-generation bilinguals in New York City. PhD doctoral dissertation, The City University of New York Graduate Center. New York, NY.

Chaston, John. 1991. Imperfect progressive usage patterns in the speech of Mexican american bilinguals from Texas. In Carol A. Klee & Luis A. Ramos-García (eds.), *Sociolinguistics of the Spanish-Speaking World: Iberia, Latin America, United States*, pp. 299–311. Tempe, AZ: Bilingual Press and Editorial Bilingüe.

Choi, Jinny. 1998. Language in contact: A morphosyntactic analysis of Paraguayan Spanish form a historical and sociolinguistic perspective. Doctoral Dissertation, Georgetown University. Washington, DC.

Choi, Jinny. 2000. Direct object drop: The genetic cause of a syntactic feature in Paraguayan Spanish. *Hispania* 83, 531–543.

Clegg, Jens. 2010. An analysis of the motivations for borrowing in the Spanish of New Mexico. In Susana Rivera-Mills & Daniel Villa Crésap (eds.), *Spanish of the U.S. Southwest: A Language in Transition*, pp. 223–238. Madrid: Iberoamericana and Vervuert.

Cuza, Alejandro & Lauren Miller. 2015. The protracted acquisition of past tense aspectual values in child heritage Spanish. In R. Klassen, J. Liceras, & E. Valenzuela (eds.), *Issues in Hispanic and Lusophone Linguistics*, pp. 211–230. Amsterdam: John Benjamins.

Dworkin, Steven. 2012. *A History of the Spanish Lexicon*. Oxford: Oxford University Press.

Escobar, Anna María. 2012. Spanish in contact with Amerindian languages. In José Ignacio Hualde, Antxon Olarrea, & Erin O'Rourke (eds.), *The Handbook of Hispanic Linguistics*, pp. 65–88. Hoboken, NJ: Wiley-Blackwell.

Escobar, Anna María & Kim Potowski. 2016. *El Español de los Estados Unidos*. Cambridge: Cambridge University Press.

Fernández Hernández, Alberto & Pilar Úcar Ventura. 2005. Errores comunes en el lenguaje periodístico. *Capítulo 9: Locutando, que es gerundio*. Accessed on July 7, 2018: www.mailxmail.com/curso-errores-comunes-lenguaje-periodistico/locuntando-que-es-gerundio

Fernández-Ordóñez, Inés. 1999. Leísmo, laísmo y loísmo. In Ignacio Bosque & Violeta Demonte (eds.), *Nueva gramática descriptiva de la lengua española*, Vol. 1, pp. 1317–1397. Madrid: Espasa-Calpe.

García, Erica C. & Ricardo Otheguy. 1983. Being polite in Ecuador. *Lengua* 61, 103–132.

García Tesoro, Ana Isabel. 2002. El español en contacto con lenguas mayas: Guatemala. In Azucena Palacios y ana Isabel García (eds.), *El indigenismo americano III*, 31–58. Anejo número XLVIII de la Revista *Cuadernos de Filología*. Valencia: Universitat de València.

Godenzzi, Juan Carlos. 2010. Innovación y adopción en variedades lingüísticas: el caso del doble posesivo en el español de los Andes. *Revista Internacional de Lingüística Iberoamericana* 8(1), 57–70.

Guajardo, Gustavo. 2010. The syntax of temporal interpretation in embedded clauses. MA thesis, University of Montana. Missoula, Montana.

Gumperz, John J. 1977. Sociocultural knowledge in conversational inference. In Muriel Saville-Troike (ed.), *Linguistics and Anthropology*, pp. 191–212. Washington, DC: Georgetown University Press.

Gumperz, John J. 1982. *Discourse Strategies*. Cambridge: Cambridge University Press.

Irvine, Judith T. & Susan Gal. 2000. Language ideology and linguistic differentiation. In Paul V. Kroskrity (ed.), *Regimes of Language: Ideologies, Policies, and Identities*, pp. 35–84. Santa Fe, NM: School for Advanced Research Press.

Klee, Carol. 1990. Spanish-Quechua language contact: The clitic pronoun system in Andean Spanish. *Word* 41, 35–46.

Klee, Carol. 1996. The Spanish of the Peruvian Andes: The influence of Quechua on Spanish language structure. In John B. Jensen & Ana Roca (eds.), *Spanish in Contact: Issues in Bilingualism*, pp. 73–91. Somerville, MA: Cascadilla Press.

Klee, Carol & Rocío Caravedo. 2013. *Language Contact and Dialecto Contact in Lima, Peru*. Unpublished raw data.

Klee, Carol & Andrew Lynch. 2009. *El español en contacto con otras lenguas*. Washington, DC: Georgetown University Press.

Klein, Flora. 1980. A quantitative study of syntactic and pragmatic indications of change in the Spanish of bilinguals in the US. U.S. In Wiliam Labov (ed.), *Locating Language in Time and Space*, pp. 69–82. New York: Academic Press.

Klein-Andreu, Flora. 1985. La cuestión del anglicismo: apriorismos y métodos. *Thesaurus* 40(3), 533–548.

Lance, Donald M. 1975. Spanish-English code-switching. In Eduardo Hernández-Chávez, Andrew D. Cohen, y Anthony F. Beltramo (eds.), *El lenguaje de los chicanos*, pp. 138–153. Arlington, VA: Center for Applied Linguistics.

Lipski, John. 2008. *Varieties of Spanish in the United States*. Washington, DC: Georgetown University Press.

Merma Molina, Gladys. 2004. Lenguas en contacto: Peculiaridades del español andino peruano. Tres casos de interferencia morfosintáctica. *ELUA* 18, 191–211.

Montes-Alcalá, Cecilia. 2007. Blogging in Two languages: Code-switching in bilingual blogs. In Jonathan Holmquist, Augusto Lorenzino, & Lotfi Sayahi (eds.), *Selected Proceedings of the Third Workshop on Spanish Sociolinguistics*, pp. 162–170. Somerville, MA: Cascadilla Proceedings Project.

Montes-Alcalá, Cecilia & Naomi L. Shin. 2011. *Las keys* versus *el key*: Feminine gender assignment in mixed-language texts. *Spanish in Context* 8(1), 119–143.

Montrul, Silvina. 2002. Incomplete acquisition and attrition of Spanish tense/aspect distinctions in adult bilinguals. *Bilingualism: Language and Cognition* 5, 39–68.

Montrul, Silvina. 2008. *Incomplete Acquisition in Bilingualism: Re-Examining the Age Factor*. Amsterdam: John Benjamins.

Montrul, Silvina & Noelia Sánchez-Walker. 2013. Differential object marking in child and adult Spanish heritage speakers. *Language Acquisition* 20(2), 109–132.

Myers Scotton, Carol. 1993. *Social Motivations for Code-Switching*. Cambridge: Cambridge University Press.

Nemogá, Maritza & Matthew Kanwit. To appear, December 2018. Analyzing the production of a non-standard form: Variable use of preterit *andar* in *bogotano* Spanish. *Sociolinguistic Studies*, 12(3)/12(4).

Otheguy, Ricardo. 2016. The linguistic competence of second-generation bilinguals: A critique of "incomplete acquisition". In Christina Tortora, Marcel den Dikken, Ignacio L. Montoya, & Teresa O'Neill (eds.), *Romance Linguistics 2013: Selected Papers from the 43rd Linguistic Symposium on Romance Languages (LSRL)*, pp. 301–319. Amsterdam: John Benjamins.

Otheguy, Ricardo & Ofelia García. 1993. Convergent conceptualizations as predictors of degree of contact in U.S. Spanish. In Ana Roca & John Lipski (eds.), *Spanish in the United States: Linguistic Contact and Diversity*, pp. 135–154. New York: Mouton de Gruyter.

Otheguy, Ricardo & Naomi Lapidus. 2005. Matización de la teoría de la simplificación en las lenguas en contacto: El concepto de la adaptación en el español de Nueva York. In L. Ortiz López & M. Lacorte (eds.), *Contactos y contextos lingüísticos: El español en los Estados Unidos y en contacto con otras lenguas*, pp. 143–160. Madrid and Frankfurt: Iberoamericana and Vervuert.

Peñalosa, Fernando. 1980. *Chicano Sociolinguistics*. Rowley, MA: Newbury House.

Poplack, Shana. 1980. Sometimes I'll start a sentence in English y termino en español. *Linguistics* 18, 581–618.

Potowski, Kim y Alejandra. Prieto-Mendoza. 2015. The gerund in U.S. Spanish. Unpublished manuscript, the University of Illinois at Chicago.

Pousada, Alicia & Shana Poplack. 1982. No case for convergence: The Puerto Rican Spanish verb system in a language-contact situation. In J. Fishman & G. Keller (eds.), *Bilingual Education for Hispanic Students in the United States*, pp. 207–237. New York: Columbia University Teachers College Press.

Risco, Roxana. 2013. Nuevas perspectivas teóricas y empíricas: el doble posesivo de tercera persona. *Escritura y Pensamiento* 32, 41–71.

Romero, Carlos. 2016. El uso del gerundio en el español en Tejas. University of Houston PhD dissertation, Houston, TX.

Sánchez, Rosaura. 1983. *Chicano Discourse: A Socio-Historic Perspective*. Rowley, MA: Newbury House. [Reimpreso por Houston, TX: Arte Público Press, 1994].

Schwenter, Scott. 2006. Null objects across South America. In Timothy L. Face & Carol A. Klee (eds.), *Selected Proceedings of the 8th Hispanic Linguistics Symposium*, pp. 23–36. Somerville, MA: Cascadilla Proceedings Project.

Silva-Corvalán, Carmen. 1994. *Language Contact and Change*. New York: Oxford University Press.

Silva-Corvalán, Carmen. 2014. *Bilingual Language Acquisition: Spanish and English in the First Six Years*. Cambridge: Cambridge University Press.

Silva-Corvalán, Carmen. Forthcoming. Bilingual acquisition: Difference or incompleteness? In Naomi Shin & Daniel Erker (eds.), *Questioning Theoretical Primitives in Linguistic Inquiry* (Papers in Honor of Ricardo Otheguy). Amsterdam: John Benjamins.

Smith, Daniel J. 2006. Thresholds leading to shift: Spanish/English codeswitching and convergence in Georgia, U.S.A. *International Journal of Bilingualism* 10(2), 207–240.

Soto Rodríguez, Mario & Víctor Fernández Mallat. 2012. Marcando referencias y vínculos en el español andino: A propósito del llamado doble posesivo. *Neue Romania* 41, 57–88.

Staczek, John J. 1983. Code-switching in Miami Spanish: The domain of health care services. *Bilingual Review/La Revista Bilingüe*, 41–46.

Swann, Joan, Ana Deumert, Theresa Lillis, y Rajend Mesthrie. 2004. *A Dictionary of Sociolinguistics*. Tuscaloosa, AL: The University of Alabama Press y Edinburgh University Press.

Tadmore, Uri. 2009. Loanwords in the world's languages: Findings and results. In Martin Haspelmath & Uri Tadmor (eds.), *Loanwords in the World's Languages: A Comparative Handbook*, pp. 55–75. Berlin, Germany: De Gruyter Mouton.

Thomason, Sarah. 2001. *Language Contact: An Introduction*. Washington, DC: Georgetown University Press.

Toribio, Almeida Jacqueline. 2002. Spanish-English code-switching among US Latinos. *International Journal of the Sociology of Language* 158, 89–119.

Torres, Lourdes. 2003. Bilingual discourse markers in Puerto Rican Spanish. *Language in Society* 31, 65–83.

Torres, Lourdes & Kim Potowski. 2016. Hablamos los dos in the Windy City: Codeswitching among Puerto Ricans, Mexicans, and MexiRicans in Chicago. In Rosa E. Guzzardo Tamargo, Catherine M. Mazak and M. Mcarmen Parafita Couto (eds.), *Spanish-English codeswitching in the Caribbean and the U.S.*, pp. 83–105. Amsterdam, the Netherlands: John Benjamins.

Vallejos, Rosa. 2014. Peruvian Amazonian Spanish: Uncovering variation and deconstructing stereotypes. *Spanish in Context* 11(3), 425–453.

Von Heusinger, K. & G. A. Kaiser. 2011. Affectedness and differential object marking in Spanish. *Morphology* 21(3–4), 593–617.

Weinreich, Uriel. 1968. *Languages in Contact*. The Hague: Mouton.

Zentella, Ana Celia. 1997. *Growing Up Bilingual: Puerto Rican Children in NYC*. Malden, MA: Blackwell.

Capítulo 5

Conclusiones

5.1 Lo social y lo lingüístico	5.5 El "monolingüicismo"
5.2 El clasismo	5.6 Para combatir la discriminación
5.3 El racismo	lingüística
5.4 El sexismo y la política del género	

5.1 Lo social y lo lingüístico

Para concluir, volvamos a la analogía del helado del Capítulo 1. No se puede decir que un sabor de helado sea más "correcto" que otro. Aunque cierta gente prefiera el chocolate más que la vainilla no quiere decir que sea intrínsecamente mejor. Lo mismo con los dialectos de español (y de cualquier lengua, de hecho). Aunque ciertas personas digan que prefieren el español de un lugar o de cierto grupo de gente más que el de otro **no** significa que sea mejor. Hemos presentado la gramática desde una perspectiva *descriptiva*. Exploramos algunos procesos subyacentes que dan forma a la gramática de los seres humanos. Por ejemplo, estudiamos los procesos de **regularización** y de **analogía** (extensión) que explican muchos patrones gramaticales que hemos visto como:

Proceso	Ejemplo	Capítulo
Regularización	*la agua*	2
	dijistes	3
	yo ha visto *ella ponió*	4
Analogía	*está bueno → está nítido, está rico*	3
Simplificación	*lo, la → lo*	4
	Omisión de *a* personal	4

Si todos hablamos un dialecto de nuestra lengua, y si todos los dialectos siguen reglas sistemáticas, ¿por qué existen las creencias que algunos son mejores que otros? Hemos argumento que no tiene nada que ver con los rasgos dialectales en sí, sino con **la gente que habla con esos rasgos**. En la Figura 5.1 repetimos una figura del Capítulo 1 (Figura 1.3) enfatizando el desprecio lingüístico.

Actividad 5.1 Ofrece dos ejemplos concretos de este libro que ilustran el proceso representado en la Figura 5.1.

Figura 5.1 El proceso de estigmatización lingüística

Para entender el desprecio lingüístico, entonces, hay que entender el desprecio social. Hemos subrayado la conexión entre el desprecio lingüístico y el clasismo, el sexismo, el racismo y el "monolingüicismo". Aquí repasamos estos problemas sociales con la intención de subrayar cómo se manifiesta el prejuicio social a través del prejuicio lingüístico.

5.2 El clasismo

El clasismo se puede entender como el desprecio hacia la gente que tiene menos estatus social, educación formal y/o afluencia económica. También existe la idea que lo urbano tiene más valor que lo rural, lo cual parece manifestar cierto clasismo, o por lo menos crítica de nivel cultural.

En el Capítulo 2, postulamos que ciertas formas sufren de desprestigio debido al clasismo. Por ejemplo, en el apartado 2.2 el escritor peruano José Adolph narró sobre un hijo "que estaba estudiando . . . en la capital" y quien se reía cuando su papá dijo *pieses* en vez de *pies*. Sugiere que tanto el nivel educativo como la ruralidad puede llevar a la desvalorización lingüística.

Actividad 5.2 Escoge algunas estructuras gramaticales estigmatizadas de la lista abajo. Explica cómo se forman estas estructuras usando terminología técnica de la gramática, en qué contextos se usa estas estructuras, quiénes las usan y cómo muestran la conexión entre el clasismo y el prejuicio lingüístico.

- las formas verbales arcaicas (*truje, vide*, etc.)
- los posesivos dobles
- el leísmo
- el *dequeísmo*
- la pluralización de *haber* presentacional
- *haiga* en vez de *haya*
- la regularización de la 2a persona singlar del pretérito *dijistes, vinistes*
- la regularización del subjuntivo como *puédamos*

La estrecha conexión entre el clasismo y el prestigio lingüístico tiene como resultado el ciclo del prestigio lingüístico. En el Capítulo 1, presentamos este concepto, repetido aquí (Figura 5.2). Primero se determina qué grupos son los privilegiados en la sociedad. Después el habla de esta gente llega a considerarse prestigiosa y el habla de la gente despreciada llega a considerarse menos valorada (ver la Figura 5.1). Una vez que este proceso de

Figura 5.2 El ciclo del prestigio lingüístico

estigmatización lingüística se haya establecido, se fortalece aún más a través de las escuelas, las academias de la lengua, los diccionarios y los libros de gramática. Es decir, el dialecto de la gente socialmente prestigiosa llega a ser el dialecto que se acepta oficialmente y que se enseña bajo la etiqueta "el español estándar."

5.3 El racismo

Hemos visto que muchos casos de prejuicio lingüístico son una manifestación de actitudes negativas debidas al racismo. Por ejemplo, sugerimos que el español caribeño es más estigmatizado que otros dialectos del español en el mundo en parte porque esa zona contiene más gente con raíces africanas. Vimos que la no-inversión de sujeto-verbo en las interrogativas es un rasgo que se encuentra por todo el Caribe pero no llega a aceptarse oficialmente. El no incluir esta variación en los libros de gramática ayuda a que los dialectos caribeños sean menos apreciados que otros. También estudiamos los resultados del racismo dentro del mismo Caribe y sugerimos que el rechazo del dialecto dominicano en particular es una manifestación del rechazo de la gente afro-caribeña y, por ende, una consecuencia del racismo.

Actividad 5.3 Hemos hecho hincapié en los afro-caribeños en este libro. Sin embargo, existen comunidades de afro-latinos en muchos países de América Latina. Por ejemplo, hay comunidades de afro-bolivianos, afro-peruanos, afro-colombianos y afro-mexicanos. Busca por lo menos dos artículos u otras fuentes de información (videos, podcasts, etc.) sobre una de estas poblaciones y escribe un ensayo que responde a las preguntas a continuación (recuerda que debes citar los artículos que usas). Hay algunos ejemplos en http://potowski.org/gramatica_variacion_enlaces_5

1. ¿Dónde se ubica la comunidad?
2. ¿Sufre discriminación la comunidad? ¿Cómo? Ofrece varios ejemplos.
3. ¿La población tiene su propio dialecto? Si es así, describe algunas características de su dialecto e investiga si estas características son estigmatizadas.

El prejuicio lingüístico como manifestación del racismo también se ve claramente en la estigmatización del habla de gente indígena de América Latina. En el Capítulo 2 leímos un discurso muy negativo en contra del *voseo* que en Guatemala llegó a asociarse con la gente indígena. También vimos que se estigmatizan los dobles posesivos (*su casa de ella*), los cuales se encuentran mucho en la zona andina donde se habla el idioma quechua. Es interesante notar que tanto el *voseo* como los dobles posesivos son formas antiguas, pero a través del tiempo se han mantenido únicamente en algunas comunidades. Estos ejemplos muestran que no es una estructura en sí lo que causa el desprecio lingüístico (cuando los escritores españoles en el siglo XVI usaban los dobles posesivos probablemente no se despreciaban), sino la discriminación en contra de la gente que la emplea hoy en día.

Actividad 5.4 El español ha estado en contacto con muchas lenguas indígenas de América Latina. ¿Sabías que se están desapareciendo la mayoría de estas lenguas? Se predice que durante el presente siglo, casi de la mitad de los idiomas del mundo se van a desaparecer. Busca un video en línea usando los términos "las lenguas se están desapareciendo" o algo parecido. Escribe un resumen de los datos específicos sobre la(s) lengua(s) mencionadas en el video. ¿Qué se pierde cuando se pierde un idioma?

5.4 El sexismo y la política del género

En el Capítulo 2 estudiamos la conexión entre la gramática y el sexismo. Vimos que algunas personas resistieron el intento de introducir una nueva desinencia a la palabra *miembro* para que haya la opción de decir *miembra*. También vimos que durante los últimos siglos sí ha habido cambios de este tipo, como el aumento de la palabra *jefa*. Indagamos en el debate sobre los que siguen prefiriendo el *masculino genérico* para referirse a un grupo de personas de ambos sexos, como las academias de la lengua tanto española como francesa, y quienes insisten en decir frases como "*buenos días todos y todas*" (en vez de usar el masculino genérico "*buenos días todos*"). Un argumento a favor del uso del masculino genérico es que los hispanohablantes piensan tanto en las mujeres como en los hombres ante la palabra *todos* (Guerra & Orbea, 2015). Sin embargo, algunas investigaciones de psicología experimental muestran lo contrario: usar el masculino genérico evoca imágenes de hombres más que de hombres y mujeres (Hamilton, 1991; Silveira, 1980; Stahlberg et al., 2007).

Actividad 5.5 Busca una guía y/o recomendaciones en línea para el *lenguaje no sexista*. Hay un ejemplo en http://potowski.org/gramatica_variacion_enlaces_5 bajo "Guía de lenguaje no sexista" de la Universidad Nacional de Educación a Distancia de la Universidad de La Coruña en España. ¿Cuáles son algunas de las recomendaciones específicas? ¿Estás de acuerdo con las recomendaciones? ¿Por qué sí o no?

El término *lenguaje inclusivo* se ha adoptado para los esfuerzos en reconocer e incluir a la gente no-binaria o agénero. Incluso frases como *todos* y *todas* y el uso de @ (*tod@s*) solo parecen reconocer dos géneros; todavía queda gente excluida. Por eso algunos han propuesto la desinencia *-x* (como *Latinx*) para referirnos a los seres humanos. Pero no todo el mundo está de acuerdo con esta propuesta.

Actividad 5.6 Lee los dos artículos en http://potowski.org/gramatica_variacion_ enlaces_5 bajo "Sobre -x". Resume cada uno en un párrafo y después indica con cuál estás más de acuerdo. Recuerda que la propuesta *no* es reemplazar -o y -a en todos los sustantivos, sino únicamente cuando se refieren a seres humanos.

5.5 El "monolingüicismo"

En este libro, hemos notado que muchas veces se marginalizan los dialectos de los hablantes bilingües. Esta actitud resulta de la creencia que existe un español puro y homogéneo sin influencia de otros idiomas. Pero como escriben Irvine & Gal (2000: 76): "el lenguaje homogéneo es tan imaginado como la comunidad [homogénea]". Todos los dialectos muestran influencia de otros idiomas. Piensa en las palabras *alfombra, álgebra, ajedrez* que vienen del árabe, o *tomate* y *aguacate* que vienen del náhuatl. Sin embargo, muchas veces se estigmatiza y se rechaza el español hablado por la gente bilingüe porque manifiesta algunos rasgos que provienen del contacto de lenguas.

Actividad 5.7 Escoge algunas estructuras o fenómenos gramaticales estigmatizados de la lista abajo (todos son del Capítulo 4). Explica la lógica de cómo se forman las estructuras usando terminología gramatical y un ejemplo concreto. También describe en qué contextos y lugares se encuentra el fenómeno.

- La omisión del objeto directo
- El género del pronombre objeto directo
- Los posesivos dobles
- El gerundio
- La alternancia de códigos
- Los préstamos

Uno de los objetivos del presente libro es validar y celebrar todas las variedades del español, incluso las variedades bilingües. Desafortunadamente el prejuicio en contra del español de los bilingües en Estados Unidos tiene como resultado una inseguridad profunda que a veces llega a la pérdida del idioma.

Actividad 5.8 Lee las citas a continuación de gente bilingüe en los Estados Unidos y después escribe un resumen en que reflexionas sobre tu propia seguridad lingüística. ¿Alguna vez te han dicho que "hablas mal" alguno de tus idiomas? ¿Cómo te hizo sentir? ¿Qué dirías ahora si alguien te dijera eso? Ahora que has leído este libro, ¿qué les dirías a las tres personas citadas abajo?

a. "Yo siempre pensé que mi español era malo porque no seguí las reglas que venían en los libros de mi high school."

(Shin & Hudgens Henderson, 2017)

b. "I am proud of being a bilingual Latina in the United States. But it is hard to live up to the expectations of others when it comes to speaking, writing, and understanding proper Spanish."

(Carreira & Beeman, 2014: 57).

c. "I almost failed Spanish in college because they were trying to teach me colonizer Spanish and I only know rancho Spanish… I was writing […] and my teacher was like this isn't an actual word."

Un tuit de "Toxic Femininity Spreader", 24 septiembre 2018

Actividad 5.9

En http://potowski.org/gramatica_variacion_enlaces_5, verás un enlace al video "My Spanish" de Melissa Lozada-Oliva. ¿Qué te parece lo que expresa? Después escucha la versión que hizo en español. ¿Qué diferencias notas? Por último, resume algunos de los comentarios públicos sobre las dos versiones.

5.6 Para combatir la discriminación lingüística

Desgraciadamente, relativamente poca gente entiende que la gramática es mucho más que la gramática prescriptiva. La gramática descriptiva nos permite entender un sinfín de sistemas lingüísticos por todo el mundo, sistemas gobernados por reglas igual de complicadas y a veces incluso más complicadas que los de los dialectos prestigiosos. Sin embargo, mucha gente se aferra al concepto de que hay solo una manera "correcta" de hablar. De hecho, hay quienes dicen que rechazan el clasismo o el racismo, pero se sienten perfectamente en su derecho para criticar y despreciar el habla de la clase trabajadora, de los afrodescendientes o de los indígenas. Parece que no reconocen el vínculo entre el desprecio del habla y el desprecio hacia sus hablantes. Y estos hablantes de dialectos estigmatizados suelen sufrir los efectos, desde burlas hasta la falta de acceso a trabajos y otros recursos.

¿Hay algo que se pueda hacer para mejorar esta situación? Primero, pensemos dos veces antes de "corregir" la manera de hablar de otra persona. ¿Recuerdas el ejemplo en la radio argentina que un entrevistador corrigió a una mujer por usar la forma condicional en vez del imperfecto de subjuntivo en una prótasis (*si vería* en vez de *si viera*)? Claro que a la periodista le dio vergüenza (¡hasta se disculpó!). Conocemos a mucha gente que corrige a sus propios papás o amigos por no seguir las reglas prescriptivas que se aprenden en la escuela (como hizo Amancio en la novela de José Adolph). Para ver un ejemplo cómicamente exagerado pero a la vez ilustrativo, mira el video de "La prescriptivista" en http://potowski.org/gramatica_variacion_enlaces_5. ¿Cuáles de los puntos que critica ella se han estudiado en este libro?

Como propusimos en el Capítulo 1, te animamos a que pienses como física/físico y no como policía de tráfico: los físicos quieren *entender el por qué detrás* de todos los fenómenos, no regularlos ni sancionarlos. Ahora que entiendes que no hay nada intrínsecamente incorrecto con las formas que no siguen las reglas prescriptivas – y que TODO uso lingüístico natural sigue sus propias reglas – ¿qué harás en el futuro?

Actividad 5.10 Escribe un párrafo que describe qué harías en las siguientes situaciones.

a. Estás con dos amigos. Uno le dice al otro: "¿Vistes a Juan hoy día? El otro responde "No digas *vistes* porque es incorrecto. Tienes que decir *viste*."
b. Estás con un grupo de amigos. Empiezan a burlarse del habla "rústica" y "campesina" de una chica que proviene de un lugar muy rural.
c. En clase usas la palabra *haiga*. Tu maestra te dice que es incorrecto y tienes que decir *haya*.

Nos parece particularmente urgente que los maestros y otra gente que trabaja en los entornos educativos entiendan esta conexión entre la lengua y la discriminación para evitar perpetuar el prejuicio sin querer. Considera el siguiente diálogo entre una maestra anglo y una niña afro-americana que se suponía que tenía problemas de lenguaje (Fasold, 1975, citado en Mesthrie et al., 2009: 354).

— White Teacher, leaning forward, holding a cup of coffee: 'This is not a spoon'
— Little Black girl, softly: 'Dis not no 'poon.'
— Teacher, raising her voice: 'No, This is not a spoon.'
— Girl, softly: 'Dis not no 'poon.'
— Teacher, frustrated: 'This is not a spoon.'
— Girl, exasperated: Well, dass a cup!

La maestra piensa que la niña no entiende el inglés 'estándar', pero sí lo entiende. De hecho, la petición de repetir "Esto no es una cuchara" tiene que haberle parecido ridículo a la niña porque era demasiado obvio que no era una cuchara sino una taza. Lo triste es que por no entender la escuela la sistematicidad del inglés afroamericano, a esta niña la habían metido en cursos para niños con trastornos de lenguaje.

¿Cómo se puede promover la idea de que todos los dialectos son igual de correctos y que los deberíamos apreciar? Algunos educadores han construido currículos para este mismo propósito (por ej. Godley et al., 2015; Hudgens Henderson, 2016; Reaser & Temple Adger, 2007; Reaser & Wolfram, 2011; Reaser et al., 2017; Shin & Hudgens Henderson, 2017).

Actividad 5.11 El manual que acompaña *The Voices of North Carolina Dialect Awareness Curriculum* está en http://potowski.org/gramatica_variacion_enlaces_5. Adapta una de las actividades para una clase de español o de inmersión dual.

Una posible crítica del método pedagógico adoptado en nuestro libro y en los currículos que promueven la apreciación de la variación lingüística es que se tiene que hablar y escribir el llamado estándar para tener éxito en la sociedad. Habrás notado que optamos por escribir este libro en una variante prestigiosa del español por ese mismo motivo. Pero se puede intentar lograr los dos objetivos simultáneamente: aprender los usos prestigiosos[1] (aunque sean arbitrarios e injustos a veces) y también validar y celebrar la variación lingüística. Es lo que hemos procurado hacer en este libro y lo que procuramos hacer también en la vida diaria. Por ejemplo, cuando una de las autoras vio el siguiente meme en una red social, respondió de la manera siguiente:

 Kim Potowski También son reflejos las actitudes prescriptivistas, moralistas y clasistas.

Actividad 5.12 Haz una lista de tres (3) reglas prescriptivas que has aprendido en este libro. Después conversa con algunos compañeros o amigos: ¿Seguirás estas reglas prescriptivas en el futuro? Si crees que sí, ¿las seguirás en todos contextos, o las reservarás para unos registros (ver Capítulo 1) específicos?

¿Por qué?

Actividad 5.13 Mira el video *"Do you speak American: Ebonics"* en http://potowski. org/gramatica_variacion_enlaces_5

Responde a las preguntas:

1. ¿Cómo enseña el maestro el inglés "estándar"?
2. ¿Crees que este método pedagógico sería efectivo para enseñar el estándar y valorizar otros dialectos a la vez?

Actividad 5.14 Lee los siguientes enunciados y explica en detalle por qué cada uno es falso. Usa ejemplos y explicaciones concretos presentados en este libro.

1. La gramática del dialecto del español 'estándar' es **más compleja** que la gramática de los dialectos no-estándares.
2. El **no pronunciar** todas las letras de las palabras (decir *tú está* en vez de *tú estás*) es la razón por la cual algunas personas desprecian el español caribeño.
3. Combinar rasgos de dos lenguas diferentes representa una **corrupción**, como cuando decimos *Tengo que taipear este papel para entregarlo a la maestra.*
4. El **mejor** inglés del mundo es el de Inglaterra, y el mejor español se habla en España.

Actividad 5.15 Escribe un ensayo de dos o tres páginas en que reflexionas sobre lo que has aprendido en esta libro en cuanto a:

1. Las estructuras gramaticales. ¿Cuáles son algunos términos y conceptos que has aprendido?
2. La gramática prescriptiva y descriptiva. ¿Cuál es la diferencia? Ofrece ejemplos para apoyar tu respuesta.
3. La variación lingüística. ¿Has aprendido a apreciar la variación? ¿Cuáles son algunos ejemplos de variación dialectal que has aprendido?
4. Los factores sociopolíticos. ¿Cuáles son algunos factores sociopolíticos que afectan las actitudes lingüísticas en la sociedad? ¿Has cambiado tus propias actitudes lingüísticas a lo largo de este curso?
5. ¿Crees que lo que has aprendido en este libro te afectará en el futuro? ¿Cómo?

NOTA

1   Pero tampoco debemos pensar que sea fácil hacerlo. Por ejemplo, imaginémonos un escenario de ciencia ficción: el día de mañana te despiertas y el dialecto prestigioso es uno que NO hablas. ¿Qué tan fácil sería para ti usar regularmente, por ejemplo, los posesivos dobles, las formas *fuistes/debistes*, el voseo o los cambios de código?

REFERENCIAS

Carreira, María & Tom Beeman. 2014. *Voces: Latino Students on Life in the United States.* Santa Barbara, CA: Praeger.Ga

Fasold, Ralph. 1975. Review of J.R. Dillard's "Black English". *Language in Society* 4, 198–221.

Godley, Amanda J., Jeffrey Reaser, & Kaylan G. Moore. 2015. Pre-service English language arts teachers' development of critical language awareness for teaching. *Linguistics and Education* 32, 41–54.

Guerra, Gilbert & Gilbert Orbea. 2015. The argument against the use of the term "Latinx". *The Phoenix: Swarthmore's Independent Campus Newsletter.* Accessed on February 17, 2018: http://swarthmorephoenix.com/2015/11/19/the-argument-against-the-use-of-the-term-latinx/

Hamilton, Mykol. 1991. Masculine Bias in the attribution of personhood: People = Male, Male = People. *Psychology of Women Quarterly* 15(3), 393–402.

Hudgens Henderson, Mary. 2016. Prescriptive language attitudes in a dual language elementary school. *Proceedings of the Linguistics Society of America* 1, Article 1, 1–15. http://dx.doi.org/10.3765/plsa. v1i0.3699

Irvine, Judith T. & Susan Gal. 2000. Language ideology and linguistic differentiation. In Paul V. Kroskrity (ed.), *Regimes of Language: Ideologies, Policies, and Identities*, pp. 35–84. Santa Fe, NM: School for Advanced Research Press.

Mesthrie, Rajend, Joan Swann, Ana Deumert, & William L. Leap. 2009. *Introducing Sociolinguistics*, 2nd edition. Philadelphia: John Benjamins.

Reaser, Jeffrey & Carolyn Temple Adger. 2007. Developing language awareness materials for nonlinguists: Lessons learned from the *Do You Speak American?* Project. *Language and Linguistic Compass* 1(3), 155–167.

Reaser, Jeffrey, Carolyn Temple Adger, Donna Christian, & Walt Wolfram. April 2017. *Dialects at School: Educating Linguistically Diverse Students*. New York: Routledge.

Reaser, Jeffrey & Walt Wolfram. 2011. *Voices of North Carolina: An Interactive Webinar for 8th Grade Social Studies Teachers*. 3-part, 10-hour webinar. A partnership between the North Carolina Language and Life Project at NC State and the North Carolina Department of Public Instruction. http://ncsu.edu/linguistics/webinar.php

Shin, Naomi L. & Mary Hudgens Henderson. 2017. A sociolinguistic approach to teaching Spanish grammatical structures. *Foreign Language Annals* 50(1), 195–213.

Silveira, Jeanette. 1980. Generic masculine words and thinking. In Cheris Kramarae (ed.), *The Voices and Words of Women and Men*, pp. 165–178. Oxford: Pergamon Google Scholar, Crossref.

Stahlberg, D., Braun, F., Irmen, L., & Sczesny, S. 2007. Representation of the sexes in language. In K. Fiedler (ed.), *Social Communication: A Volume in the Series Frontiers of Social Psychology*, pp. 163–187. New York, NY: Psychology Press.

Índice

Nota: los números de página en cursiva indican una figura y los números de página en negrita indican una tabla en la página correspondiente.